LE PETIT LIVRE DE L'ORTHOGRAPHE

202 fautes (voire plus) à éviter !

Julien Soulié

FIRST Editions

ISBN : 978-2-412-01957-3
Dépôt légal : mars 2017
Imprimé en Italie

Correction : Sandra Acina
Mise en page et couverture : Olivier Frenot

Éditions First
12 avenue d'Italie
75013 Paris

Tél. 01 44 16 09 00
Fax 01 44 16 09 01

E-mail : firstinfo@efirst.com
Site Internet : www.editionsfirst.fr

Sommaire

Introduction

Dans nos relations très proches – pour ne pas dire intimes – il y a les parents, les frères et sœurs, le compagnon ou la compagne... et la langue, notre langue, le français : elle est là au réveil dès potron-minet, nous accompagne tout au long de la journée, dans le travail et les relations sociales, et nous berce, au crépuscule, une fois venue l'heure onirique de Morphée.

Ce rapport intime, personnel que chacun entretient avec la langue – et spécialement avec sa forme écrite : l'orthographe – ne va pas sans heurts, sans différends, sans querelles... Querelles d'amoureux ? Car nous l'aimons, cette langue, au point de la malmener parfois, sciemment ou non. De séparations en retrouvailles, d'élans affectueux en désaffections hautaines, nous ne nous éloignons jamais vraiment d'elle et la gardons, finalement, toujours dans un coin de notre tête, dans un battement de notre cœur, dans un trait de notre plume.

Il sied donc, *nolens volens*, de ranimer la flamme parfois vacillante de cette relation… Ce petit livre est là pour vous y aider : un accord du participe passé vous pousse à bout ? L'infidélité orthographique d'une consonne double vous donne envie de rompre ? Une conjugaison hésitante vous fait croire que vous êtes trop… imparfait ? Accrochez-vous, battez-vous… et sortez votre *Petit Livre de l'orthographe* : il sera, dans votre relation passionnelle avec la langue française, un précieux confident, dont les conseils éclairés, drôles ou apaisants, vous seront le meilleur des baumes.

Il est constitué de 202 chapitres, aussi brefs et précis que possible – afin que vous ne vous perdiez pas en longues digressions linguistiques (si passionnantes soient-elles !). Ces chapitres sont répartis en 4 grandes parties :

- La conjugaison : les principaux temps et modes ainsi que les erreurs les plus courantes – et quelques autres plus ardues – y sont abordés.
- L'orthographe grammaticale : les nombreux accords – des adjectifs de couleur, des nombres, du participe passé… – n'auront plus aucun secret pour vous !
- Les homonymes : comment distinguer *satire* de *satyre* ? Comment écrit-on *faire bonne chère* ? Quand écrit-on *quoi que* en deux mots ? Toutes les réponses sont là !

- L'orthographe lexicale : le français offre son lot de bizarreries orthographiques, des consonnes doubles au *h* et au *y*, en passant par les familles irrégulières ; les principaux pièges et difficultés vous y sont expliqués.

Une cinquième partie, en manière de florilège – d'aucuns appelleraient cela, en bon français, un « best of » – vous présentera 10 fautes, parmi les plus fréquentes et horribles, à ne plus commettre !

Enfin, la dernière partie vous mettra au défi de tester la solidité de votre relation avec la langue française, à travers 100 phrases, réparties en deux niveaux de difficulté et selon les quatre grands domaines abordés.

N'hésitez pas, aux premiers signes d'infidélité, à picorer deçà delà dans les chapitres *ad hoc*. Et une fois le livre refermé, vous vous direz que votre idylle avec la langue française – maîtresse certes exigeante et capricieuse – ne fut jamais plus belle !

Chapitre 1

La conjugaison

1. J'EMPLOIE *OU* J'EMPLOIS ?

Les verbes du 1er groupe (ceux qui se terminent par *-er* à l'infinitif) sont réguliers et ont tous les mêmes terminaisons au présent : ***-e, -es, -e, -ons, -ez, -ent***.
Les verbes en *-oyer* ne font pas exception ; aussi, n'oubliez pas le *e* de la terminaison… même si on ne l'entend pas : *j'emploi**e**, tu nettoi**e**s, il tutoi**e**…*

⚠ Ne les confondez pas avec les verbes du 3e groupe, dont la terminaison est *-s/-t* : *je crois, tu vois, il doit…*

2. TU MANGES *OU* TU MANGE ?

Quel que soit le verbe (fût-il irrégulier !), la 2e personne du présent de l'indicatif présente toujours un -*s* (hérité du latin) ; attention à ne pas l'oublier : *tu travailles, tu paies, tu grandis, tu prends, tu combats, tu convaincs, tu es, tu as, tu vas…*

3. JE ME LES GÈLE *OU* JE ME LES GELLE ?

La plupart des verbes en *-eler* et *-eter* doublent la consonne pour obtenir le son « è » : *j'appelle, tu jettes, il épelle, elles cachettent…*

> ⚠ Il existe néanmoins quelques exceptions courantes, qui prennent un è à la place de la double consonne :
>
> - *Ciseler, déceler, démanteler, écarteler, geler* (et ses composés), *marteler, modeler, peler, receler : je* **gèle**, *tu pèles…*
> - *Acheter, corseter, crocheter, fureter, haleter : j'achète, je halète…*

4. NOUS APPELONS *OU* NOUS APPELLONS ?

Ces mêmes verbes en *-eler* / *-eter* gardent la consonne simple quand le *e* est muet, donc, au présent, pour la 1re et la 2e personne du pluriel : *nous appe***l***ons, vous je***t***ez*.

5. ILS NETTOIENT *OU* ILS NETTOYENT ?

Les verbes en *-ayer* ont la double conjugaison : *je paye / je paie, ils payent / ils paient*.
Mais ce n'est pas le cas des verbes en *-uyer* (*appuyer, ennuyer, essuyer*) ni surtout de la soixantaine de verbes en *-oyer* ; au singulier et à la 3e personne du pluriel, le *i* est maintenu : *j'appuie, tu rougeoies, ils nett***oient**.

6. JE FINIS *OU* JE FINI ?

Les verbes du 2e groupe (infinitif *-ir*, suffixe *-iss*) sont réguliers et ont tous pour terminaisons : ***-is, -is, -it, -issons, -issez, -issent***.
N'omettez donc pas la terminaison au présent : *je blanchis, tu atterris, il pâlit*.

7. JE CRAINS *OU* JE CRAINDS ?

Les verbes du 3e groupe sont les plus difficiles, car ils sont souvent irréguliers et offrent plusieurs types de terminaisons, les plus fréquentes étant : ***-s, -s, -t, -ons, -ez, -ent***.
Elles sont notamment valables pour les verbes en ***-ir*** (*partir*), ***-oir*** (*voir*), ***-oire*** (*croire*), ***-re*** (*vivre*).

⚠ Les verbes en *-aindre* / *-eindre* / *-oindre* perdent leur *d* à toute la conjugaison : *je crain**s**, tu crain**s**, il crain**t**, nous craignons, vous craignez, ils craignent.*

8. IL RÉSOUT *OU* IL RÉSOUD ?

De même, les trois verbes en *-soudre* (*absoudre, dissoudre, résoudre*) perdent le *d* : *je résou**s**, tu résou**s**, il résou**t**, nous résolvons, vous résolvez, ils résolvent.*

9. IL PREND *OU* IL PRENT ?

Au contraire, les verbes en *-andre, -endre, -ondre* conservent le *d* au singulier : *je répan**ds**, tu appren**ds**, il répon**d**…*

10. JE METS *OU* JE MES ?

Les verbes *battre, mettre* (et leurs nombreux composés) conservent le *t* du radical à toute la conjugaison : *je me**t**s, tu me**t**s, il me**t** ; je ba**t**s, tu ba**t**s, il ba**t**…*

11. TU PEUX *OU* TU PEUS ?

Trois verbes ont un *-x* pour terminaison aux deux premières personnes ; ce sont *pouvoir, valoir* et *vouloir* : *je peu**x**, tu peu**x** ; je vau**x**, tu vau**x** ; je veu**x**, tu veu**x**.*
Le reste de la conjugaison offre les terminaisons classiques : *-t, -ons, -ez, -ent.*

12. TU ES *OU* TU EST ?

Le verbe *être* a une conjugaison largement irrégulière, notamment au présent de l'indicatif : *je suis, tu es, il est, nous sommes, vous êtes, ils sont.*

⚠ Ne confondez pas les deux formes homonymes : *tu* **es** / *il* **est**.

13. TU AS *OU* TU A ?

Le verbe *avoir* présente lui aussi une conjugaison assez irrégulière, surtout au présent : *j'ai, tu as, il a, nous avons, vous avez, ils ont.*

⚠ Ne confondez pas les deux formes homonymes : *tu* ***as*** */ il* ***a***.

14. JE VOYAGEAIS *OU* JE VOYAGEAIT ?

À l'imparfait de l'indicatif, pour tous les verbes sans exception (même *être* !), les terminaisons sont ***-ais***, ***-ais***, ***-ait***, ***-ions***, ***-iez***, ***-aient*** : *je voyage**ais***, *tu noirciss**ais***, *il pren**ait***, *nous voul**ions***, *vous av**iez***, *ils ét**aient***…

15. NOUS CRIIONS *OU* NOUS CRIONS ?

Dans les verbes en *-ier*, le *i* du radical rencontre celui de la terminaison de l'imparfait : ***nous criions***, *vous copiiez* ; de même au 3ᵉ groupe : *nous riions, vous souriiez.*

De même, dans les verbes en *-gner, -iller* et *-yer*, n'omettez pas le *i* aux deux premières personnes du pluriel, même si on ne le fait pas toujours sonner : *nous travaillions, vous travailliez* ; *nous soignions, vous soigniez* ; *nous payions, vous payiez.* Cela concerne aussi quelques verbes du 3e groupe : *nous voyions, vous voyiez, nous fuyions, vous asseyiez, nous craignions, vous joigniez.*

16. IL ÉTERNUERA *OU* IL ÉTERNURA ?

Au futur simple, dans tous les cas, les terminaisons sont : ***-ai, -as, -a, -ons, -ez, -ont***.

Pour conjuguer un verbe au futur simple, rien de plus facile : ajoutez les terminaisons au radical de l'infinitif : *grandir > je grandir**ai*** ; *boire > tu boir**as*** ; *vendre > il vendr**a***, etc.

> Les verbes du 1er groupe en *-éer, -ier, -ouer, -uer* doivent bien conserver leur radical de l'infinitif, même si l'on n'entend pas le e : *je cré**e**rai, tu cri**e**ras, il **éternuera**, nous lou**e**rons*…
> De même pour les verbes en *-oyer, -uyer,* dont le *y* se transforme en *i* : *je nettoi**e**rai, tu essui**e**ras.*
> Les verbes en *-ayer* vous laissent le choix : *je payerai / je paierai.*

17. JE MANGERAI *OU* JE MANGERAIS ?

La 1re personne du singulier au futur simple est ***-ai*** : *je manger**ai**, je guérir**ai**, je bouillir**ai**, je restreindr**ai***…

La terminaison ***-ais*** est l'apanage du conditionnel présent : *Si je pouvais, je manger**ais** / je guérir**ais** / je bouilli**rais** / je restreindr**ais**…*

L'ASTUCE EN +

Si vous hésitez entre futur et conditionnel, mettez votre forme à la 3e personne : *il mangera* > *je mangerai* (futur) ; *il mangerait* > *je mangerais* (conditionnel).

18. J'ACQUERRAI *OU* J'ACQUÉRIRAI ?

Au futur (et au conditionnel), six verbes ont un radical irrégulier contenant *-rr-* : *acquérir* > *j'acque**rr**ai* ; *courir* > *je cou**rr**ai* ; *mourir* > *je mou**rr**ai* ; *pouvoir* > *je pou**rr**ai* ; *voir* > *je ve**rr**ai* ; *envoyer* (1er groupe) > *j'enve**rr**ai*.
Quelques autres verbes du 3e groupe ont aussi un radical irrégulier : *j'aurai (avoir), je cueillerai (cueillir), je ferai (faire), j'émouvrai (émouvoir)…*

19. JE SERAI *OU* JE SAURAI ?

Deux formes paronymes (qui se prononcent presque de la même façon) devront être bien distinguées : *je **serai*** (*être*) vs *je **saurai*** (*savoir*). Ainsi, on dira : *Je **serai** présent* mais *Je **saurai** me rendre utile.*

⚠ La locution *savoir gré*, souvent victime d'erreurs, donnera donc au conditionnel la formule de politesse : *Je vous* ***saurais*** *gré* (et non **Je vous serais gré*).

20. J'INCLURAI *OU* J'INCLUERAI ?

Les trois verbes *conclure, exclure, inclure* appartiennent au 3e groupe ; leur futur se formera donc tout naturellement sur l'infinitif, sans qu'il y ait besoin d'ajouter un *e* muet tout à fait fautif : *je* ***conclurai****, tu* ***excluras****, il* ***inclura****…*

21. JE CHANTAI *OU* JE CHANTA ?

De plus en plus obsolescent, le passé simple n'en est pas moins encore souvent employé dans la narration. Au 1er groupe, les terminaisons sont : ***-ai, -as, -a, -âmes, -âtes, -èrent***.

⚠ Attention à la 1re personne, toujours en *-ai* : *je chant****ai****, je travaill****ai****, je voyage****ai****…*

22. JE PERDIS *OU* JE PERDUS ?

Aux 2e et 3e groupes, les terminaisons du passé simple sont : ***-s, -s, -t, -^mes, -^tes, -rent***.

Au 2e groupe, la voyelle qui précède est toujours *-i* : *je finis, tu grandis, il atterrit, nous blanchîmes…*
Au 3e groupe, la voyelle est tantôt *-i* (*faire* > *je fis* ; *peindre* > *je peignis…*), tantôt *-u* (*être* > *je fus* ; *vivre* > *je vécus…*).
Pour la plupart des verbes, la voyelle sera la même qu'au participe passé : *dormir* > participe *dormi* > passé simple *je dormis* ; *avoir* > participe *eu* > passé simple *j'eus*.
Mais la règle est loin d'être absolue et certains *u* du participe se transforment en *i* au passé simple :

VERBE	PARTICIPE PASSÉ	PASSÉ SIMPLE
battre	battu	je battis
coudre	cousu	je cousis
perdre	perdu	je perdis
répondre	répondu	je répondis
rompre	rompu	je rompis
tendre	tendu	je tendis
tenir	tenu	je tins
tordre	tordu	je tordis
vaincre	vaincu	je vainquis
vendre	vendu	je vendis

VERBE	PARTICIPE PASSÉ	PASSÉ SIMPLE
venir	venu	je vins
voir	vu	je vis

23. JE CHANTAI *OU* JE CHANTAIS ?

Comment distinguer un passé simple (*je chantai*) d'un imparfait (*je chantais*) ? Les valeurs des deux temps ne sont pas toujours faciles à appréhender : l'imparfait exprime une action envisagée dans sa durée, qui se répète, de second plan ou qui sert à décrire ; le passé simple, quant à lui, exprime une action révolue, de premier plan ou une succession d'actions… Voilà pour la théorie !

L'ASTUCE EN +

Dans la pratique, n'hésitez pas à remplacer la forme problématique par une 3e personne : *il travailla* > *je travaillai* (passé simple) ; *il travaillait* > *je travaillais* (imparfait).

24. MANGE TA SOUPE *OU* MANGES TA SOUPE ?

L'impératif, mode de l'injonction, a pour terminaisons du 1er groupe : ***-e, -ons, -ez***.

> ⚠ Contrairement à l'indicatif, on ne met pas de *-s* à la 2e personne du singulier pour tous les verbes du 1er groupe (ainsi que ceux du 3e groupe se terminant par une voyelle) : *Mang**e** ! Cri**e** ! V**a** ! Ouvr**e** !*

Cependant, on ajoute un *s* « euphonique » (pour l'oreille), quand le verbe est suivi des pronoms *en* ou *y* : *Manges-en ! Vas-y ! Ouvres-en !*

25. QUE JE VOIE *OU* QUE JE VOIS ?

Pour tous les verbes, même au 3e groupe (sauf, évidemment, *être* et *avoir* !), les terminaisons du subjonctif présent sont : ***-e, -es, -e, -ions, -iez, -ent***.

> ⚠ Quelques verbes du 3e groupe ont le singulier homonyme à l'indicatif et au subjonctif… Mais les terminaisons ne sont pas les mêmes !

VERBES	INDICATIF PRÉSENT	SUBJONCTIF PRÉSENT
acquérir	j'acquiers, tu acquiers, il acquiert	que j'acquière, que tu acquières, qu'il acquière
asseoir	j'assois, tu assois, il assoit	que j'assoie, que tu assoies, qu'il assoie
avoir	j'ai	que j'aie
conclure	je conclus, tu conclus, il conclut	que je conclue, que tu conclues, qu'il conclue
courir	je cours, tu cours, il court	que je coure, que tu coures, qu'il coure
croire	je crois, tu crois, il croit	que je croie, que tu croies, qu'il croie
extraire	j'extrais, tu extrais, il extrait	que j'extraie, que tu extraies, qu'il extraie
fuir	je fuis, tu fuis, il fuit	que je fuie, que tu fuies, qu'il fuie
mourir	je meurs, tu meurs, il meurt	que je meure, que tu meures, qu'il meure
rire	je ris, tu ris, il rit	que je rie, que tu ries, qu'il rie
voir	je vois, tu vois, il voit	que je voie, que tu voies, qu'il voie

Soyez donc attentif aux emplois de l'un et l'autre mode ; dès que vous êtes en présence d'un *que*, demandez-vous toujours : s'agit-il d'un subjonctif (*Il faut que je la* ***croie***) ou d'un indicatif (*Il prétend que je la* ***crois***) ?

26. SOYONS *OU* SOYIONS ?

Les deux auxiliaires ont un présent du subjonctif irrégulier :

- *Avoir : que j'aie, que tu aies, qu'il ait, que nous ayons, que vous ayez, qu'ils aient.*
- *Être : que je sois, que tu sois, qu'il soit, que nous soyons, que vous soyez, qu'ils soient.*

> Soyez tout spécialement attentif aux deux premières personnes du pluriel, qui ne prennent pas de *i* (au subjonctif, comme à l'impératif) : *ayons, ayez ;* ***soyons****, soyez.*

27. IL FUT *OU* IL FÛT ?

Temps suranné et moribond s'il en fut, l'imparfait du subjonctif offre pourtant la possibilité d'exprimer la concordance des temps : *Je veux que tu viennes > Je voulais que tu* ***vinsses****.*

Quelque bizarre qu'elle paraisse, sa formation est assez régulière ; on ajoute au radical de la 3e personne du passé simple les terminaisons ***-sse, -sses, -^t, -ssions, -ssiez, -ssent*** : *que je chantasse, que tu finisses, qu'il prît, que nous tinssions, que vous fissiez, qu'ils pussent…*

> À la 3e personne du singulier, la forme est homonyme du passé simple : *chantât / chanta* ; *guérît / guérit* ; *fût / fut* ; *vît / vit…*
>
> Les distinguer n'est pas aisé : le passé simple exprime une action qui a eu lieu dans un passé révolu ; le subjonctif imparfait obéit aux valeurs subtiles de ce mode (action considérée comme virtuelle).
>
> Le plus simple est de transposer votre phrase à un temps plus facile : le présent ! Si vous obtenez un présent de l'indicatif, vous êtes au passé simple. Au contraire, si la substitution fait surgir un présent du subjonctif, alors le circonflexe s'imposera ! Exemples :
>
> - *J'aurais aimé qu'il fut / fût là > J'aurais aimé qu'il* ***soit*** *là > subjonctif, donc f**û**t.*
> - *Que de problèmes il rencontra / rencontrât ! > Que de problèmes il* ***a*** *! > indicatif, donc rencontr**a**.*

28. IL EUT ÉTÉ *OU* IL EÛT ÉTÉ ?

Il eut été est du passé antérieur ; vous pouvez le remplacer par un passé composé : *Nous partîmes quand il eut fini > Nous partîmes quand il **a fini**.*
Il eût été est une forme subtile, obsolète et archaïsante, qui participe de deux modes :

- Soit elle est un subjonctif plus-que-parfait ; vous pouvez alors lui substituer un passé du subjonctif : *Il fallait qu'il **eût été** bien malade > Il fallait qu'il **ait été** bien malade.*
- Soit il s'agit d'un conditionnel passé 2e forme ; elle est dès lors l'exact équivalent du conditionnel passé 1re forme : *Il **eût pu** réussir, s'il avait travaillé > Il **aurait pu** réussir, s'il avait travaillé…*

29. BRILLANT *OU* BRILLANTS ?

Il existe en français deux formes en *-ant* : le participe présent, invariable (*brillant*), et l'adjectif verbal, variable (*brillant*).
Le premier est une forme verbale et exprime donc une action : ***Brillant** dans le ciel par milliers, les étoiles éclairaient la nuit.*

Le second est un adjectif et exprime donc une qualité, une caractéristique : *Tant d'étoiles* ***brillantes*** *se sont éteintes.*

L'ASTUCE EN +

Pour les distinguer, vous pouvez encadrer le participe présent par la négation (***Ne*** *brillant* ***pas*** *dans le ciel…*), ce que ne supporte pas l'adjectif verbal ; ce dernier, quant à lui, peut être précédé d'un adverbe du type *très* (*Tant d'étoiles* ***très*** *brillantes…*), ce qui ne fonctionne pas avec le participe présent.

30. FATIGANT *OU* FATIGUANT ?

Outre le problème d'accord, certains participes présents et adjectifs verbaux se distinguent par leur orthographe. Cette difficulté concerne d'une part les adjectifs verbaux en *-ent*, dont le participe présent équivalent s'écrira -ant : *adhérent / adhérant ; affluent / affluant ; convergent / convergeant ; déférent / déférant ; émergent / émergeant ; différent / différant ; équivalent / équivalant ; excellent / excellant ; expédient / expédiant ; influent / influant ; négligent / négligeant ; précédent / précédant ; somnolent / somnolant.*

D'autre part, les verbes dont le radical se termine par *-guer* ou *-qu* ont un adjectif verbal en *-gant* / *-cant*, mais un participe présent en *-guant* / *-quant* :

ADJECTIF VERBAL *-GANT / -CANT*	PARTICIPE PRÉSENT *-GUANT / -QUANT*
communicant	communiquant
convaincant	convainquant
extravagant	extravaguant
fatigant	fatiguant
intrigant	intriguant
navigant	naviguant
provocant	provoquant
suffocant	suffoquant
vacant	vaquant
zigzagant	zigzaguant

On opposera ainsi : *Les élèves* ***fatiguant*** *le professeur, une punition est donnée* vs *Les élèves* ***fatigants*** *reçoivent une punition du professeur.*

⚠ Attention aux verbes *exiger* et *obliger* : leur participe présent et leur adjectif verbal ont la même forme : *exigeant*, *obligeant*.

31. ELLE A FINI *OU* ELLE A FINIT ?

Une faute de plus en plus fréquente consiste à ajouter un *t* final au participe passé des verbes du 2e groupe. Or ces verbes n'ont jamais de *t* final au participe passé : *fini, grandi, muni, noirci*… Pour s'en convaincre, il suffit de les mettre au féminin : *finie, grandie, munie, noircie*. Adieu, donc, les tomates « pourrites » !
Seule exception, le verbe *maudire*, transfuge du 3e groupe (puisque formé sur *dire*), fait au participe : *maudit, maudite*.

32. INCLUS *OU* INCLU ?

Parmi les trois verbes en *-clure*, deux (*conclure*, *exclure*) ont un participe en *-u* : *conclu, conclue* ; *exclu, exclue*.
Le troisième (*inclure*) prend un -*s* au participe : ***inclus***, *incluse*.

33. CHANTER *OU* CHANTÉ ?

Le français possède souvent plusieurs graphies pour un même son, ce qui entraîne de nombreuses erreurs. C'est notamment le cas des formes en [e] / [ɛ] (prononcez « é » / « è ») : *-é, -er, -ez, -ai, -ais, -ait* ; et spécialement de la confusion entre infinitif et participe passé des verbes du 1er groupe : *-er* ou *-é* ?

L'infinitif présent (*-er*) est une forme invariable du verbe ; on le trouve presque toujours :

- Après un autre verbe : *je veux* **voyager**, *j'adore* **conjuguer**, *il va pouvoir* **entrer**.
- Après les prépositions *à*, *de*, *par*, *pour*, *sans* : *je songe à* **voyager**, *je viens de* **manger**...

Le participe passé (*-é*, *-ée*) fonctionne comme un adjectif et se trouve :

- Dans un temps composé (donc avec les auxiliaires *être* ou *avoir*) : *j'ai* **voyagé**, *elle sera* **tombée**, *nous fûmes* **restés**...
- En emploi adjectival, en tant qu'épithète liée (*des plats* **relevés**), épithète détachée (*bien* **relevés**, *ces plats sont délicieux*), attribut du sujet (*ils sont bien* **relevés**), attribut du COD (*ces plats, je les trouve bien* **relevés**).

L'ASTUCE EN +

Dans la pratique, deux astuces peuvent vous aider à les distinguer rapidement :

- *L'infinitif peut toujours être remplacé par un infinitif du 3e groupe, puisque sa terminaison n'est pas en* -er (vendre *ou* venir, *par exemple*).
- *Le participe peut être remplacé par un participe passé du 3e groupe* (venu, vendu).

34. VOUS CHANTEZ *OU* VOUS CHANTER ?

Les fautes sont fréquentes, surtout lorsque l'infinitif est précédé du pronom *vous*.
Si le pronom sujet *vous* précède une forme verbale en [e], celle-ci prend la marque *-ez*. Oui, mais seulement si ce *vous* est **sujet** : *vous chantez, vous aimez, vous voyagez*…
En revanche, si le *vous* est complément, il ne peut commander l'accord du verbe et l'on a donc affaire à un infinitif : *je vais vous chanter une chanson, je peux vous aimer*…
Pour que la terminaison soit *-ez*, il faut que le pronom *vous* soit sujet, donc que ce soit lui qui fasse l'action du verbe :

- *Vous aimez* > Qui est-ce qui aime ? > Vous.
- *Je peux vous aimer* > Qui est-ce qui aime ? > C'est moi qui vous aime.

L'ASTUCE EN +

Pour gagner du temps, utilisez sans modération l'astuce de la substitution ; si la forme en [e] peut être remplacée par *vendre*, il s'agit d'un infinitif, donc *-er* : *Je vais vous laisser* > *Je vais vous vendre*.
Dans le cas contraire, le pronom *vous* sera bien sujet du verbe, donc -ez.

35. ÉTÉ *OU* ÉTAIT ?

La forme verbale *été* est nécessairement le participe passé (invariable) du verbe *être* : on ne la trouve qu'aux temps composés, après l'auxiliaire *avoir* ; *j'ai été, tu auras été, elle eut été, que nous eussions été, vous auriez été*…
Les formes *étais / était* sont le singulier de l'imparfait de l'indicatif du verbe *être* : *j'étais, tu étais, il était* ; elles ne peuvent donc **jamais** se rencontrer derrière un autre verbe, en l'occurrence l'auxiliaire *avoir*.

L'ASTUCE EN +

Vous pouvez remplacer été par *vendu* : *tu avais* **été** > *tu avais* **vendu**. Sinon, il faut écrire l'imparfait (*étais, était*).

36. AI, AIE, AIES, AIENT, ES *OU* EST ?

Toutes ces formes sournoises se ressemblent… Rappelons en premier lieu à quoi chacune correspond :

	Forme	Dénomination grammaticale	Exemple
avoir	***ai***	1re p. du singulier, présent de l'indicatif	*J'**ai** peur*
	aie	2e p. du singulier, présent de l'impératif	*N'**aie** pas peur !*
		1re p. du singulier, présent du subjonctif	*Il ne faut pas que j'**aie** peur*
	aies	2e p. du singulier, présent du subjonctif	*Il ne faut pas que tu **aies** peur*
	ait	3e p. du singulier, présent du subjonctif	*Il ne faut pas qu'il **ait** peur*
	aient	3e p. du pluriel, présent du subjonctif	*Il ne faut pas qu'ils **aient** peur*
être	**es**	2e p. du singulier, présent de l'indicatif	*Tu **es** peureux*
	est	3e p. du singulier, présent de l'indicatif	*Il **est** peureux*

Comment se sortir de ce guêpier grammatical ?

Trois étapes vont être nécessaires :

1. Repérez s'il s'agit d'*être* ou *avoir* ; essayez de remplacer par une forme d'*avoir* ou *être* univoque, la 1re personne du pluriel par exemple : *avons, ayons / sommes, soyons.*
2. Une fois trouvé le verbe, observez son entourage et surtout la personne grammaticale : est-ce *je, tu, il/elle/on* ou *ils/elles* qui fait l'action ?
3. Enfin, cherchez à quel mode est conjuguée la forme, en lui substituant une autre forme du même mode : si vous pensez à l'indicatif, vous pourrez remplacer par *nous avons* (pour *avoir*) et par *nous sommes* (pour *être*) ; si vous pensez au subjonctif, remplacez par *que nous ayons* (pour *avoir*) et par *que nous soyons* (pour *être*).

Chapitre 2

L'orthographe grammaticale

37. JE LES AIME *OU* JE LES AIMES ?

Le verbe s'accorde **toujours** en nombre et en personne avec son sujet : c'est la règle d'or, elle ne souffre aucune exception !

> ⚠ L'intercalation d'un pronom complément (*vous, les, leur...*) entre le sujet et le verbe ne doit pas vous induire en erreur ! L'accord devra se faire là encore avec le sujet : *Ces gâteaux,* ***je*** *les* ***aime*** (*aime* s'accorde avec son sujet *je*) ; *Ces gens,* ***tu*** *ne leur* ***parles*** *pas* (*parles* s'accorde avec son sujet *tu*).

Pour accorder le verbe correctement, posez-vous donc toujours la question « Qui est-ce qui (+ le verbe) ? » ; la réponse vous donnera le sujet et donc l'accord du verbe.

38. VIVENT LES VACANCES *OU* VIVE LES VACANCES ?

Lorsque le sujet est inversé, n'oubliez pas d'accorder le verbe avec lui : *Seuls* **restaient** *çà et là, tristes et fanés,* **quelques souvenirs** ; *Ce roman est une œuvre que n'***auraient** *pas reniée* **les naturalistes**.

⚠ Dans la phrase *Vive(nt) les vacances !*, la forme *viven(nt)* est à l'origine un verbe au subjonctif avec *les vacances* pour sujet : « Que vivent les vacances ! ». Le sens fort de « souhaiter longue vie » est d'ailleurs perceptible dans les phrases rituelles du type *Le roi est mort, vive le roi !* Mais au fil du temps, ce subjonctif n'a plus été reconnu et *vive* a eu tendance à voir son sens s'affaiblir et à se figer au singulier sous forme d'interjection : vous pouvez donc désormais écrire au choix *Vivent les vacances !* ou *Vive les vacances !*
Mutatis mutandis, l'accord est aussi libre pour le verbe *importer* : *Peu importe(nt) les difficultés !*

39. C'EST MOI QUI FAIS *OU* C'EST MOI QUI FAIT ?

En présence d'un pronom relatif *qui* (sujet), l'accord du verbe doit se faire avec l'antécédent du pronom (c'est-à-dire le mot qu'il reprend) : *C'est moi qui* ***fais*** *la cuisine* (= *Je fais*) ; *Toi qui* ***as*** *toujours raison, comment as-tu pu te tromper ?* (= *Tu as raison*)

40. LA PLUPART ONT RÉUSSI *OU* LA PLUPART A RÉUSSI ?

Lorsque le sujet est un groupe nominal introduit par ce que l'on nomme un « collectif » (*foule, groupe, nuée, tas*...), deux cas peuvent se présenter :

- Si le collectif est introduit par un article défini (*le, la*), un déterminant démonstratif (*ce, cette*) ou possessif (*mon, ton, son*...), on accorde le verbe avec le collectif : *La majorité de mes amis* ***est*** *là. Ce groupe d'élèves* ***est*** *bavard.*

- Si le collectif est introduit par un article indéfini (*un, une*), vous avez le choix ! Vous pouvez accorder avec le collectif ou avec le complément, selon l'élément sur lequel vous souhaitez insister : *Un grand nombre d'erreurs* ***ont / a*** *été commis(es).*

Idem pour les fractions (*un tiers*), les numéraux (*une douzaine*) et les pourcentages : *Le tiers des médicaments ne* ***sert*** *à rien* mais *Un tiers des médicaments ne* ***sert / servent*** *à rien* ; *46 % des étudiants* ***a / ont*** *recours à des jobs.*

⚠ Avec *la plupart*, même employé seul, le pluriel est de rigueur : *La plupart des lycéens* ***ont*** *leur bac ; la plupart* ***ont*** *réussi.*

Quant aux expressions *nombre de, quantité de, peu de, force*, elles sont toujours au singulier et c'est leur complément qui commande l'accord du verbe : *Nombre de problèmes* ***sont*** *résolus* ; *Quantité de chats* ***finissent*** *en vidéo sur Internet.*

41. PLUS D'UN VIENDRA *OU* PLUS D'UN VIENDRONT ?

Avec *plus d'un*, l'accord se fait toujours au singulier, sauf si le verbe contient une idée de réciprocité (qui sous-entend donc une pluralité) : *Plus d'un homme politique* ***ment*** ; *Plus d'un homme politique* ***se lancent*** *des insultes.*

42. DEUX CENTS *OU* DEUX CENT ?

Les nombres (appelés en grammaire « déterminants numéraux cardinaux ») sont toujours invariables : *quatre pages, sept mois…*

Exceptions : ***Vingt*** et ***cent*** prennent un s quand ils sont multipliés **et** non suivis d'un autre numéral cardinal :

*quatre-***vingts** / *quatre-***vingt***-trois* ; *deux* **cents** / *deux* **cent** *seize*.

Concrètement, ne prennent un *s* que les nombres *quatre-vingts, deux cents, trois cents, quatre cents, cinq cents, six cents, sept cents, huit cents* et *neuf cents*.

> On écrira avec un *s* à *cent* les nombres du type *deux cents millions, quatre cents milliards*, car *million, milliard, millier* sont des noms (et non des numéraux cardinaux).

43. LES ANNÉES QUATRE-VINGT *OU* LES ANNÉES QUATRE-VINGTS ?

Dans les tournures comme *les années quatre-vingt, la page trois cent*, les numéraux ne sont pas cardinaux mais ordinaux (ils expriment un ordre, un rang) et équivalent donc à *quatre-vingtième, trois centième* : par conséquent, ils ne s'accordent pas.

44. DES YEUX MARRON *OU* DES YEUX MARRONS ?

Les vrais adjectifs de couleur s'accordent avec le nom qu'ils qualifient : *des fruits* **rouges**, *une nuit* **noire**. Ils sont en fait assez peu nombreux : *beige, bis, blanc, bleu, blond,*

brun, châtain, cramoisi, écru, glauque, gris, jaune, noir, pers, rouge, roux, vermeil, vert, violet.
Tous les autres sont des noms utilisés comme adjectifs ; ils demeurent donc invariables : *des yeux* ***marron****, des pantalons* ***orange****, des cheveux* ***filasse****.*

⚠ Six exceptions s'accordent : ***écarlate, mauve, pourpre, incarnat, fauve, rose***.

45. DES PANTALONS BLEU FONCÉ *OU* DES PANTALONS BLEUS FONCÉS ?

Les adjectifs de couleur composés sont toujours invariables : des ciels **bleu-noir**, des costumes **bleu marine**, des cheveux **châtain foncé**.

⚠ On distinguera *des vaches noir et blanc*, invariable (adjectif composé : chaque vache porte du noir et du blanc), et *des vaches noires et blanches* (certaines vaches sont noires, d'autres blanches).

46. QUELQUE VINGT ANS *OU* QUELQUES VINGT ANS ?

Devant un nom, *quelque* est déterminant et donc s'accorde avec celui-ci : *Elle est restée* ***quelque*** *temps ; Il est venu avec* ***quelques*** *amis.*
En revanche, devant un groupe nominal contenant un nombre, il est adverbe, synonyme de « environ » ; il demeure donc invariable : *Ils se sont perdus de vue pendant* ***quelque*** *vingt ans.*
De même, dans la structure *quelque* + adjectif + *que* + verbe (au subjonctif), il est adverbe et doit donc rester invariable : ***Quelque*** *austères qu'ils soient, je les trouve sympathiques.*

47. UNE DEMI-HEURE *OU* UNE DEMIE-HEURE ?

Demi est invariable quand il est placé devant le nom (auquel il est joint par un trait d'union) : *une* ***demi****-heure, deux* ***demi****-douzaines.*
Il s'accorde en genre quand il est placé derrière le nom : *deux litres et* ***demi****, une heure et* ***demie****, trois semaines et* ***demie****.*

48. DES LANGUES TEL QUE LE LATIN *OU* DES LANGUES TELLES QUE LE LATIN ?

Tel s'accorde avec ce qui suit : *Il se mit à chanter,* ***telle*** *une sirène.*
Tel que s'accorde avec ce qui précède : *Les langues anciennes* ***telles que*** *le latin.*

49. MÊME MES AMIS *OU* MÊMES MES AMIS ?

Placé entre le déterminant et le nom, *même* est adjectif et s'accorde comme tel : *Elle a les* ***mêmes*** *qualités ; Elle a les* ***mêmes****.*
Situé juste derrière le pronom personnel (auquel il se joint par un trait d'union), il signifie « en personne » et s'accorde avec le pronom : *Ils ont tout fait* ***eux-mêmes*** ; *Nous ne comptons que sur* ***nous-mêmes****.*
Même demeure invariable lorsqu'il est adverbe, c'est-à-dire :

- Placé devant le groupe nominal (il signifie « aussi ») : ***Même*** *mes amis m'abandonnent.*
- Quand il suit le nom (il signifie là encore « aussi ») : *Mes amis* ***même*** *m'abandonnent.*

En revanche, quand il suit le nom et ne peut être antéposé, il équivaut à « soi-même » et s'accorde comme un adjectif : *Il est la candeur et la gentillesse* ***mêmes*** (= la candeur et la gentillesse *elles-mêmes*).

50. AUCUN FRAIS *OU* AUCUNS FRAIS ?

Aucun est toujours au singulier (*aucun courage, aucune envie*)… sauf quand il se trouve devant un nom qui n'existe qu'au pluriel : ***aucuns*** *frais*, ***aucunes*** *ténèbres*…

51. TOUT LES JOURS *OU* TOUS LES JOURS ?

Devant un groupe nominal, *tout* est déterminant et s'accorde donc avec le nom qui suit : ***tout*** *le gâteau ;* ***toute*** *la galette ;* ***tous*** *les gâteaux ;* ***toutes*** *les galettes.*
De même, quand il est pronom (il remplace un nom), il s'accorde avec son référent : *J'avais invité mes cousins et* ***tous*** *sont venus ; J'avais invité mes cousines et* ***toutes*** *sont venues.*

⚠ *Tout ce qui/que* (= toutes les choses qui/que) est toujours au singulier : ***Tout*** *ce que je vois me plaît.*

Tous ceux qui/que, toutes celles qui/que (renvoyant à des êtres ou des choses bien identifiés) est toujours au pluriel : *Je remercie **tous** ceux qui sont là.*

52. TOUT ENTIÈRE *OU* TOUTE ENTIÈRE ?

Devant un adjectif, *tout* signifie « tout à fait, complètement » ; il est alors adverbe et demeure donc invariable : *La France **tout** entière a réagi ; Elle est **tout** heureuse ; Ils sont **tout** petits* (à distinguer de *Ils sont tous petits = Tous sont petits*).
Cependant, pour des raisons euphoniques, devant un adjectif féminin commençant par une consonne ou un *h* aspiré, *tout* est variable : *Elle est **toute** fatiguée et **toute** **h**arassée.*

> ⚠ Soyez vigilant, par conséquent, au *h* initial de l'adjectif : est-il muet – comme dans la plupart des cas : *Elle est **tout** habile, hébétée, heureuse, honnête…* ? Ou est-il aspiré : *Elle est **toute** hagarde, handicapée, honteuse…* ?

53. JE LEUR PARLE *OU* JE LEURS PARLE ?

Devant un verbe, le pronom complément *leur* est toujours invariable : *Quand ils m'appellent, je **leur** parle.*

⚠ Ne le confondez pas avec le déterminant possessif *leur*, qui, lui, s'accorde : *Ils ont fait couper* ***leurs*** *cheveux et tailler* ***leur*** *barbe.*

54. DES GAZ *OU* DES GAZS ?

Le pluriel des noms se marque en général par l'ajout d'un *s* : *des livre**s**, des almanach**s**, des maison**s**...*
Certains noms ne prennent pas la marque du pluriel, notamment ceux terminés par *-s*, *-x*, *-z* : *une souris > des souris ; une voix > des voix ; un gaz >* ***des gaz****.*

55. DES PNEUS *OU* DES PNEUX ?

Les noms en *-eau* prennent toujours un *-x* au pluriel : *des tableau**x**, des gâteau**x**...*
Les noms en *-eu* prennent généralement un *-x* (*des feux, des vœux*), sauf *bleus, émeus, enfeus, lieus* (poissons), ***pneus****, richelieus.*
Les noms en *-au* prennent aussi un *-x* (*des joyaux, des tuyaux*), sauf *bérimbaus, graus, landaus, restaus, sarraus, senaus, unaus.*

56. DES BOCAUX *OU* DES BOCALS ?

La majorité des noms en *-al* ont un pluriel en *-aux* : *des chevaux, des journaux, des piédestaux…*
Mais quelques noms font leur pluriel régulièrement en *-s* : *bals, cals, carnavals, cérémonials, chacals, chorals, festivals, gavials, narvals, nopals, pals, régals, rorquals, santals, servals, sisals*. Certains hésitent entre les deux : *des idéals / idéaux*.

57. DES CORAILS *OU* DES CORAUX ?

La plupart des noms en *-ail* forment leur pluriel en *-s* : *des éventails, des portails…* Exceptions : *baux, coraux, fermaux, gemmaux, soupiraux, travaux, vantaux, vitraux* + *ails / aulx*.

58. DES CHOUX *OU* DES CHOUS ?

Sept noms en *-ou* ont un pluriel en *-oux* : *bijoux, cailloux, choux, genoux, hiboux, joujoux, poux*.
Tous les autres forment leur pluriel régulièrement : *des bisous, des clous, des trous…*

59. DES YEUX *OU* DES ŒILS ?

Quelques noms particuliers ont deux pluriels, l'un courant, l'autre plus spécifique ou technique :

- *Un aïeul > des* ***aïeux*** (ancêtres) / *des* ***aïeuls*** (grands-parents).
- *Un ciel > des* ***ciels*** (sens réel) / *des* ***cieux*** (pluriel poétique, emphatique).
- *Un œil > des* ***yeux*** (sens courant) / *des* ***œils*** (sens technique).
- *Un travail > des* ***travaux*** (sens courant) / *des* ***travails*** (outils du maréchal-ferrant).

60. DES ESSUIE-GLACES, DES ESSUIE-GLACE, DES ESSUIES-GLACE *OU* DES ESSUIES-GLACES ?

L'accord des noms composés dépend de la nature des éléments qui le constituent… et la règle n'est pas toujours des plus aisées ! Néanmoins, depuis quelques années, la tendance dans les dictionnaires est à la simplification.

Quoi qu'il en soit, dans une structure du type Verbe + Nom, on laisse toujours le verbe invariable : *des* ***essuie****-glaces, des* ***porte****-avions, des* ***sèche****-cheveux…*

Quant au nom, la régularisation entraîne de plus en plus souvent le pluriel : *des porte-**bonheur(s)***.

61. DES HAUT-PARLEURS *OU* DES HAUTS-PARLEURS ?

La structure Adjectif + Nom (ou Nom + Adjectif) impose généralement le pluriel aux deux membres : *des rond**s**-point**s**, des pot**s**-pourri**s**...* Quelques noms anciennement soudés ont gardé cet accord des deux membres : *un bonhomme > des bonshommes* ; *un gentilhomme > des gentilshommes.*

Néanmoins, dans quelques cas, l'adjectif a valeur d'adverbe et reste donc invariable : *des **haut**-parleurs, des **nouveau**-nés, des filles **mort**-nées.*

De même dans les composés formés sur les points cardinaux : *des **Nord**-Coréens, des **Ouest**-Allemands.*

62. DES ANNÉES-LUMIÈRE *OU* DES ANNÉES-LUMIÈRES ?

La structure Nom + Nom impose logiquement le pluriel aux deux membres : *des bar**s**-tabac**s**, des chirurgien**s**-dentiste**s**, des porte**s**-fenêtre**s**...*

Cependant, certains noms composés sont formés d'un nom et d'un complément dont la préposition est sous-entendue ; on n'accorde alors que le premier membre : *des années-lumière* (= années *de* lumière), *des assurances-vie* (= *sur* la vie), *des bébés-éprouvette* (= *grâce à* une éprouvette), *des kilomètres-heure* (= *par* heure), *des petits-beurre* (= faits *avec* du beurre), *des stations-service* (= *pour* le service), *des timbres-poste* (= *pour* la poste)… Comment savoir si l'on a affaire à l'un de ces composés « elliptiques » ? C'est simple : contrairement à *bar-tabac* (c'est à la fois un bar *et* un tabac), les deux noms ne sont pas sur le même plan : un *timbre-poste* n'est pas un timbre *et* une poste, mais un timbre *pour* la poste.

63. DES ARCS-EN-CIEL *OU* DES ARC-EN-CIELS ?

Dans la structure Nom + Préposition + Nom, on n'accorde que le premier membre : *des* **arcs-en-ciel**, *des culs-de-jatte, des pommes de terre…*

Exceptions : Les noms composés issus d'une locution restent invariables : *sauter du coq à l'âne > des coq-à-l'âne ; mettre le pot au feu > des pot-au-feu ; être en tête-à-tête > des tête-à-tête ; être en face à face > des face-à-face…*

64. DES FOURS BANALS *OU* DES FOURS BANAUX ?

La plupart des adjectifs en *-al* font leur pluriel en ***-aux*** : *normal > normaux.*
Quelques-uns ont un pluriel en ***-als*** : *bancal, fatal, natal, naval.*
Un certain nombre hésite entre *-als* et *-aux* : *austral, boréal, causal, final, glacial, idéal, jovial, marial, pascal, tonal.*

> ⚠ *Banal* a pour pluriel courant *banals* (« communs ») ; *banaux* s'applique, dans le système féodal, à ce qui appartenait au ban (territoire du suzerain) : des ***fours banaux***, des ***moulins banaux***. À l'époque, les moulins banaux étaient donc banals !

65. PÂLOTTE *OU* PÂLOTE ?

Le féminin des noms et des adjectifs se forme généralement par l'ajout d'un *-e* : *un ours > une ourse* ; *grand > grande*… (De nombreux mots, appelés épicènes, ont la même forme au masculin et au féminin : *journaliste, juge, élève, enfant, stupide*…)
Souvent, l'ajout de ce *-e* entraîne des modifications du radical : *neuf > neuve* ; *doux > douce* ; *turc > turque* ; *grec >*

grecque ; franc > franche ; frais > fraîche ; beau > belle ; vieux > vieille…

Les difficultés les plus fréquentes concernent le doublement de la consonne du radical :

- *-an* donne *-ane : partisan > partisane.* Trois exceptions : *paysanne, rouanne, valaisanne.*
- *-at* donne *-ate : rat > rate.* Exception : *chatte.*
- -et donne -ette : *sujet > sujette ; fluet > fluette.* Huit exceptions : *complète, concrète, désuète, discrète, inquiète, préfète, replète, secrète.*
- *-on* donne *-onne : patron > patronne ; bon > bonne.* Deux exceptions : *démone, mormone.* Au choix : *lapon(n)e, letton(n)e, nippon(n)e.*
- *-ot* donne *-ote : manchot > manchote.* Huit exceptions : *bellotte, boulotte, griotte, jeunotte, maigriotte, pâlotte, sotte, vieillotte.*

66. MALIGNE *OU* MALINE ?

Le féminin des adjectifs *bénin* et *malin* fait *bénigne* et *maligne* (quel que soit le sens de ce dernier : *une tumeur maligne ; Elle n'est pas bien maligne !*).

67. AIGUË *OU* AIGÜE ?

Le tréma se place toujours en français sur la seconde voyelle d'un groupe de deux (*ambiguïté, hémorroïde, capharnaüm*) ; aussi est-il plus logique d'écrire les adjectifs féminins ***aiguë, ambiguë, contiguë, exiguë***, même si la nouvelle orthographe préconise la remontée du tréma sur le *u*.

68. FEU LA REINE *OU* FEUE LA REINE ?

L'adjectif *feu* (« mort depuis peu ») est un peu particulier :

- Placé devant le groupe nominal, il joue le rôle d'un adverbe et demeure invariable : ***feu** la reine, **feu** mes grands-parents.*
- Inséré entre le déterminant et le nom, il s'accorde tout naturellement : *la **feue** reine, mes **feus** grands-parents.*

69. UNE URTICAIRE *OU* UN URTICAIRE ?

Un certain nombre de noms nous font régulièrement hésiter, voire trébucher, sur leur genre ; voici les plus courants :

MASCULINS		FÉMININS	
un antipode	des décombres	une acné	une câpre
un aparté	un effluve	une aérogare	une drachme
un aphte	un éloge	les affres	une ébène
un apogée	un en-tête	des ambages	une ecchymose
un arcane	un entracte	une alluvion	une échappatoire
un armistice	un équinoxe	une anagramme	une écritoire
un asphalte	un esclandre	une anicroche	une égide
un astérisque	un exergue	une apostrophe	une éphéméride
un astragale	un exode	une apothéose	une épitaphe
un augure	les fastes	une argile	une épithète
un auspice	un granule	des arrhes	une équivoque
un chrysanthème	un haltère	une autoroute	les frasques
un colchique	un hiéroglyphe	les calendes	une ocre

MASCULINS		FÉMININS	
un ivoire	un pétale	une octave	une sépia
les mânes	un planisphère	une omoplate	une spore
un méandre	les sévices	une oriflamme	une stalactite
un météore	un tentacule	une orque	une stalagmite
un obélisque	un termite	les prémices	une urticaire
un opprobre	un testicule	une scolopendre	une vicomté
un ovule	les vivres		
les pénates	le wifi		

70. DES AMOURS HEUREUSES *OU* DES AMOURS HEUREUX ?

Trois noms ont la particularité de passer du masculin au féminin quand on les met au pluriel : *amour, délice, orgue*. En réalité, leur signification au pluriel n'est pas tout à fait semblable. Ainsi *des amours heureuses* désignent des relations amoureuses (et non des sentiments amoureux). De même, si *délice* au singulier signifie « plaisir vif, régal gustatif », son pluriel féminin s'applique plutôt à des charmes, des jouissances, des plaisirs (la nuance est ténue, certes !). Quant à *orgue*, c'est un peu différent : un *orgue* est un instrument, mais les *grandes orgues* sont un pluriel emphatique et ne désignent toujours qu'un seul et même orgue !

71. DE VIEILLES GENS *OU* DE VIEUX GENS ?

Le nom *gens* a longtemps hésité entre masculin et féminin… L'accord de l'adjectif porte les traces de ce flottement :

- Précédant directement le nom, l'adjectif s'accorde au féminin : *de* ***vieilles*** *gens.*
- Placé derrière ou appartenant à une autre proposition (ou partie de proposition), l'adjectif se met au masculin : *des gens très* ***nombreux*** ; *trop* ***nombreux*** *pour entrer, de bonnes gens sont restés dehors.*
- Dans les locutions *gens de* + Nom, le nom *gens* est toujours masculin : *de* ***vieux*** *gens d'affaires / d'Église / d'épée / de lettres / de loi / de robe…*

72. ILS COÛTENT CHER *OU* ILS COÛTENT CHERS ?

Certains adjectifs peuvent être employés comme des adverbes ; ils sont alors invariables : *Ils parlent* ***fort****; Elle met la barre* ***haut****; Ils coûtent* ***cher****; Mes cheveux sont coupés* ***court****; Face à ma question elles sont restés* ***court****; Ils sont* ***fin*** *prêts ; Des maisons* ***flambant*** *neuves ; Il a des bonbons* ***plein*** *les poches ; Ils se font* ***fort*** *de réussir.*
Comment reconnaître ces adjectifs-adverbes ? Vous pouvez les remplacer par un adverbe correspondant : *Ils chantent fort > Ils chantent fortement ; Roulez malin > Roulez intelligemment.*

73. DES ROUES ARRIÈRE *OU* DES ROUES ARRIÈRES ?

Quelques adverbes peuvent occuper une position d'adjectif ; ils sont alors invariables. Cela concerne ***avant, arrière, bien, debout, ensemble*** : *les portes* ***avant****, les roues* ***arrière****, des gens* ***bien****, des stations* ***debout****, ils partent* ***ensemble****.*

74. LE PLUS D'EFFORTS POSSIBLE *OU* LE PLUS D'EFFORTS POSSIBLES ?

L'adjectif *possible* reste invariable dans la structure *le plus / le moins… possible*, car il est considéré comme adverbe : *J'ai fourni le plus d'efforts* ***possible*** *;* on peut d'ailleurs déplacer *possible : J'ai fourni le plus possible d'efforts.*

En revanche, en tant qu'adjectif proprement dit, il s'accorde : *J'ai fourni tous les efforts* ***possibles.***

75. ÉNERVÉE, ELLE CRIE *OU* ÉNERVÉ, ELLE CRIE ?

L'adjectif épithète s'accorde avec le nom (ou pronom) qu'il qualifie : *de* ***grands*** *espoirs, des idées* ***lumineuses***. Mais attention, il peut être parfois détaché du nom, voire très éloigné ; il ne faudra pas omettre de l'accorder pour autant : ***Énervée****, la patronne se met à crier ;* ***Étonnés*** *par la réaction de leurs amis, qui ne sont pas venus malgré leurs promesses réitérées, mes fils décident de les rayer de leur liste.* > Qui est-ce qui est étonné ? > *mes fils* : l'accord se fait donc au masculin pluriel.

76. BON ANNIVERSAIRE *OU* BONNE ANNIVERSAIRE ?

Comme nous l'avons vu ci-dessus, l'adjectif épithète s'accorde en genre et en nombre avec le nom qu'il qualifie : *un gentil garçon, une gentille fille, de gentils garçons, de gentilles filles.*

> ⚠ Ne vous laissez donc pas abuser par l'allure « féminine » qu'induit parfois la liaison : ***bon*** *anniversaire, quel* ***bel*** *hommage, ce* ***vieil*** *homme, un* ***fol*** *amour…*

De même, vous serez attentif à l'orthographe du déterminant démonstratif *ce*, qui devient *cet* devant un nom masculin commençant par une voyelle (ou un *h* muet) : ***cet*** *arbre,* ***cet*** *hiver.*

77. ILS SEMBLENT INTÉRESSÉS *OU* ILS SEMBLENT INTÉRESSÉ ?

Lorsqu'un sujet est séparé de son adjectif par un verbe (le plus souvent un verbe d'état), on dit qu'il est attribut ; *être, paraître, sembler, demeurer, avoir l'air* ; *naître* (*naître aveugle*), *tomber* (*tomber amoureux*), *vivre* (*vivre vieux*)… Dans tous les cas, l'attribut du sujet s'accorde avec le sujet : *Cette fille est* ***intelligente*** ; *Ils semblent* ***intéressés*** ;

Cette maison a l'air ***récente*** ; *Emma tomba* ***amoureuse*** *de Rodolphe.*

L'attribut peut aussi renvoyer au COD, dont il dépend par l'entremise de verbes exprimant un jugement ou un changement d'état : *juger, estimer, trouver, élire, nommer, rendre, appeler*… Quelques-uns se construisent avec une préposition : *tenir pour, considérer comme*. Dans tous les cas, l'attribut du COD s'accorde avec le COD : *Il juge ses collègues très* ***investis*** (*ses collègues* est COD ; *investis* est attribut du COD) ; *Les exploits de ces super-héros les ont rendus* ***immortels*** (*les* est COD ; *immortels* est attribut du COD).

78. ELLE A L'AIR BELLE *OU* ELLE A L'AIR BEAU ?

La locution *avoir l'air* peut avoir deux types d'accord :

- Si le sujet est un être vivant, vous pouvez accorder l'adjectif avec ce sujet ou avec *l'air*, selon que la locution est synonyme de « sembler » ou que vous insistez plutôt sur la physionomie : *Elles ont l'air* ***fatiguées*** (= Elles semblent fatiguées) ou *Elles ont l'air* ***fatigué*** (= Leur visage porte un air fatigué)… La distinction, on en conviendra, est parfois subtile !

- Si le sujet est une chose ou une entité abstraite, vous devez obligatoirement accorder l'adjectif avec le sujet (une chose n'a pas un air) : *Cette technologie a déjà l'air* ***dépassée****.*

79. EXCEPTÉ LES PREMIERS JOURS *OU* EXCEPTÉS LES PREMIERS JOURS ?

Placés devant le nom, quelques participes passés sont invariables (ils jouent alors le rôle de prépositions) : ***attendu, excepté, ôté, passé, vu, y compris, non compris, ci-joint, ci-inclus***.
En revanche, placés après le nom, ils s'accordent très naturellement : ***Excepté*** *les premiers jours, tout s'est bien passé / Les premiers jours* ***exceptés****, tout s'est bien passé* ; ***Ci-joint*** *les photos demandées / Veuillez retoucher les photos* ***ci-jointes****.*

80. ILS SONT TOMBÉS *OU* ILS SONT TOMBÉ ?

La règle est simple et sans exception (si, si, c'est possible !) : employé avec l'auxiliaire *être*, le participe passé s'accorde toujours en genre et en nombre avec le sujet : *Ils sont* ***tombés*** *amoureux ; Elle a été* ***séduite****.*

81. ELLE A MANGÉ DES GÂTEAUX *OU* ELLE A MANGÉE DES GÂTEAUX ?

Première règle à retenir : le participe passé employé avec *avoir* ne s'accorde jamais avec le sujet : *Elle a* ***mangé*** *des gâteaux et a* ***bu*** *du champagne.*

⚠ N'accordez donc jamais le participe avec le sujet : *Elles ont* ***semblé*** *intéressées.*

82. LES GÂTEAUX QU'ELLE A MANGÉS *OU* LES GÂTEAUX QU'ELLE A MANGÉ ?

Le participe s'accorde avec le COD si et seulement si celui-ci est placé avant le participe : *Elles ont aimé les gâteaux qu'elles ont* ***mangés*** *et les liqueurs qu'elles ont* ***bues*** (*mangés* s'accordent avec le COD *que*, mis pour *gâteaux* ; *bues* s'accorde avec le COD *que*, qui remplace *liqueurs*).
Concrètement, si vous savez dès le début de quoi on parle, vous accordez le participe : *les* ***erreurs*** *que tu as* ***faites*** ; sinon, le participe reste invariable : *tu as* ***fait*** *des* ***erreurs***.
Cet accord se rencontre surtout en présence du pronom relatif COD *que* et des pronoms personnels *me, te, le, la, nous, vous, les* : *Cette faute, je* ***l'****ai encore* ***faite*** ; *Je* ***vous*** *avais* ***avertis*** ; *Je* ***les*** *ai* ***vendus***. Mais on peut aussi le trouver après des termes interrogatifs ou exclamatifs : ***Combien***

de fautes as-tu ***faites*** *?* ***Quelles*** *fautes as-tu* ***faites*** *?* ***Que*** *de fautes tu as* ***faites*** *!*

L'ASTUCE EN +

Dans tous les cas, posez-vous la question « quoi ? » pour trouver la position du COD et accorder en conséquence.

83. DES ERREURS, J'EN AI FAIT *OU* DES ERREURS, J'EN AI FAITES ?

En est considéré comme un adverbe : il ne suffit donc pas, en tant que COD, à imposer l'accord du participe passé quand il est placé devant ; le participe restera donc toujours invariable : *Des erreurs, j'en ai* ***fait*** *!*

84. LES TRENTE ANS QU'IL A VÉCU *OU* LES TRENTE ANS QU'IL A VÉCUS ?

Les verbes dits « de mesure » (*coûter, courir, peser, valoir, vivre*) se construisent normalement avec un complément circonstanciel « de mesure » (question « combien ? »), et non avec un COD (question « quoi ? ») : leur participe passé reste donc invariable. *Les 15 € que m'a* ***coûté*** *ce*

livre (ce livre a coûté « combien ? ») ; *les 200 mètres que j'ai* ***couru****; les trente ans qu'il a* ***vécu***.
Cependant, ces mêmes verbes peuvent être employés avec un sens figuré ; ils se construisent alors avec un COD, le participe s'accorde donc avec celui-ci : *La peine que ce travail m'a* ***coûtée*** (ce travail a coûté « quoi ? ») ; *les risques que j'ai* ***courus****; les joies qu'il a* ***vécues***.

85. JE LES AI VUS JOUER *OU* JE LES AI VU JOUER ?

Le COD placé devant peut être COD du participe ou de l'infinitif : l'accord ne sera pas le même.
Si le COD est COD du participe, on accorde celui-ci ; on écrira donc : *Ces comédiens, je les ai* ***vus*** *jouer* (J'ai vu quoi ? *Les comédiens (jouer)* > *les comédiens* est COD de *vus*, on accorde le participe).
En revanche, si le COD est COD de l'infinitif, le participe restera invariable ; on écrira donc : *Ces pièces, je les ai* ***vu*** *jouer* (J'ai vu quoi ? *Jouer les pièces* > *les pièces* est COD de *jouer*, on n'accorde pas le participe).
De même, on opposera : *On les a* ***laissés*** *dévorer leur proie* vs *On les a* ***laissé*** *dévorer par des prédateurs.*

L'ASTUCE EN +

On accorde le participe avec le COD uniquement s'il fait l'action de l'infinitif ; s'il subit ou ne fait pas l'action de l'infinitif, il reste invariable : *Ces ténors, je les ai* ***entendus*** *chanter* (Les ténors font l'action de chanter) vs *Ces tubes, je les ai* ***entendu*** *chanter* (Les tubes sont chantés).

86. ON LES A FAIT CHANTER *OU* ON LES A FAITES CHANTER ?

Le participe passé *fait* suivi d'un infinitif est toujours invariable : *Ces stars, on les a* ***fait*** *chanter ; Elles se sont* ***fait*** *reprendre.*

87. ILS SE SONT SOUVENUS *OU* ILS SE SONT SOUVENU ?

Certains verbes, dits « essentiellement pronominaux », n'existent qu'à la forme pronominale (avec le pronom réfléchi *se*) : *s'abstenir, s'évanouir, se souvenir…*
Dans ce cas, leur participe passé s'accorde toujours avec le sujet : *La majorité s'est* ***abstenue*** *; Ils se sont* ***envolés*** *; Elles se sont* ***souvenues*** *de leur enfance.*

⚠ Certains verbes ne sont pas « essentiellement » pronominaux, mais leur pronom se ne représente pas la même personne que le sujet ; il est inanalysable et sert seulement à conférer un sens nouveau au verbe (ainsi, le verbe *s'apercevoir de* ne signifie pas « apercevoir soi », mais « prendre conscience de »). Leur participe passé s'accorde aussi avec le sujet : *Ils se sont* ***aperçus*** *de leurs erreurs.* Ce sont les verbes *s'acharner, s'achopper à, s'attacher à, s'attaquer à, s'attendre à, s'aviser de, se douter de, s'échapper, se jouer de, se plaindre de, se prévaloir de, se refuser à, se résoudre à, se ressentir de, se saisir de, se servir de* : *Elle s'est* ***doutée*** *de quelque chose ; Ils se sont* ***servis*** *de leur influence.*

88. ELLE S'EST PERMIS BIEN DES CHOSES *OU* ELLE S'EST PERMISE BIEN DES CHOSES ?

La plupart des verbes pronominaux sont dits « accidentellement pronominaux », c'est-à-dire qu'ils existent à la forme non pronominale : *dire / se dire ; lever / se lever ; voir / se voir*…

Dans ce cas, le participe passé s'accorde avec le COD s'il est placé devant : *Ils se sont* ***lavés*** (Ils ont lavé *qui* ?

Se = « eux-mêmes » > on accorde le participe avec le COD *se*).

S'il n'y a pas de COD ou s'il est placé derrière, le participe reste invariable : *Ils se sont écrit pendant des années* (Ils ont écrit *à qui* ? À *se* = « à eux » > on laisse le participe invariable, puisque *se* n'est pas COD, mais COS) ; *Elle s'est* ***permis*** *bien des choses* (Elle a permis *quoi* ? *Bien des choses* > Le COD est derrière, on n'accorde pas le participe).

On opposera ainsi *Ils se sont* ***lavés*** / *Ils se sont* ***lavé*** *les dents.*

Certains verbes ont même un participe toujours invariable : *Ils se sont* ***plu****, puis* ***déplu****,* ***menti*** *et* ***nui****.*

L'ASTUCE EN +

Finalement, tout se passe ici comme avec l'auxiliaire *avoir* ; on accorde le participe passé avec le COD si celui-ci est devant ; sinon, le participe reste invariable.

89. ILS SE SONT VU PUNIR *OU* ILS SE SONT VUS PUNIR ?

Les verbes pronominaux suivis d'un infinitif suivent la règle d'accord avec l'auxiliaire *avoir*.

On accorde donc le participe avec le COD placé devant, si celui-ci fait l'action de l'infinitif : *Ils se sont* ***laissés*** *aller* ; *Ils se sont* **vus** *réussir.* Sinon, le participe demeure invariable : *Ils se sont* ***laissé*** *duper* ; *Ils se sont* **vu** *mettre en prison.*

Chapitre 3

Les homonymes

90. A *OU* À ?

A est la 3e personne du présent de l'indicatif du verbe *avoir* : *Il* ***a*** *vraiment faim* ; *Son fils* ***a*** *grandi.*
À est une préposition ; il introduit donc des groupes nominaux ou verbaux, des pronoms : *Il ne va jamais* ***à*** *Paris ; Elle s'obstine* ***à*** *se taire ; Il ne parle* ***à*** *personne.*

L'ASTUCE EN +

Remplacez *a* par une autre forme du verbe *avoir* : *Il* ***a*** *du travail* > *Il* ***avait*** *du travail.*

91. ÇA *OU* SA ?

Ça est un pronom démonstratif, équivalent de *cela* dans la langue familière : *Comment* ***ça*** *va ?*
Sa est un déterminant possessif : *Il trompe* ***sa*** *femme.*

L'ASTUCE EN +

Ça peut toujours être remplacé par *cela.*
Quant au possessif *sa,* il est toujours placé devant un nom et est synonyme de *la sienne.*

92. CE, SE *OU* CEUX ?

Ce est un déterminant (devant un nom) ou pronom démonstratif (devant un verbe) : ***Ce*** *voyage est ressourçant,* ***ce*** *sera bénéfique pour nous.* On le trouve aussi devant les pronoms relatifs *qui, que, dont* pour désigner une chose, une abstraction : ***Ce*** *que tu demandes est impossible.*
Se est un pronom réfléchi ; il ne se rencontre donc que devant un verbe pronominal : *Il* ***se*** *refuse à* ***se*** *laisser aller.*
Ceux est le pronom démonstratif de la 3e personne du pluriel ; il est presque toujours placé devant un pronom relatif (*qui, que, dont*) et renvoie à un nom

(personnes, objets) au pluriel : ***Ceux*** *qui n'obéiront pas seront sanctionnés.*

L'ASTUCE EN +

Devant un verbe, **ce** = ***cela***.
Devant un nom, remplacez **ce** par son féminin **cette**.
Devant un pronom relatif, remplacez **ce** par « la chose qui / que / dont ».
Ceux équivaut à « les gens, les choses qui / que / dont ».

93. CES *OU* SES ?

Ces et ***ses*** se trouvent toujours devant un nom.
Ces est un déterminant démonstratif : ***Ces*** *vacances m'ont fait du bien.*
Ses est un déterminant possessif : *Personne n'abandonne* ***ses*** *amis.*

L'ASTUCE EN +

Ajoutez les particules -***ci*** ou -***là*** pour être sûr d'avoir affaire au démonstratif **ces**.
Mettez le possessif **ses** au singulier : ***son***.

94. C'EST *OU* S'EST ?

C'est est formé du pronom démonstratif *c'* et du verbe *être* : ***C'est** évident.*
S'est est constitué du pronom réfléchi *se* et de l'auxiliaire *être*, suivi d'un participe passé : *Elle **s'est** juré de réussir.*

L'ASTUCE EN +

Transposez **s'est** au pluriel (**se sont**), en cas d'hésitation : *Ils* **se sont** *juré de réussir.*
Mettez **c'est** au futur (**ce sera**) : **Ce sera** *évident.*

95. CI, SI *OU* S'Y ?

Ci est une particule démonstrative (*ces jours-**ci***) ou un adverbe démonstratif présent dans des expressions ou locutions : *par-ci par-là, de-ci de-là, ci-après, ci-dessus, ci-joint, comme ci comme ça…*
Si est un adverbe intensif (*Elle est **si** jolie*) ou une conjonction de subordination (***Si** tu veux, tu peux y aller*).
S'y est constitué du pronom réfléchi **se** et du pronom adverbial *y* : *Ils ne **s'y** rendront pas.*

L'ASTUCE EN +

Pensez à remplacer ***si*** (conjonction) par ***quand***, et ***si*** (adverbe) par ***tellement***.
Dans tous les autres cas, vous écrirez ***s'y***.

96. DES *OU* DÈS ?

Des est un déterminant (article contracté ou indéfini) : ***Des*** *années ont passé.*
Dès est une préposition signifiant « à partir de » : ***Dès*** *demain, je vous recevrai.* On la trouve ainsi dans la locution **dès que** : ***Dès que*** *j'ai un peu de temps, je vous rappelle.*

L'ASTUCE EN +

Remplacez **dès** par « **à partir de** ».

97. EST *OU* ET ?

Et est une conjonction de coordination : *L'orthographe* ***et*** *la grammaire sont ma passion.*
Est est la 3e p. du présent de l'indicatif du verbe être : *Elle* ***est*** *modeste.*

L'ASTUCE EN +

Vous pouvez remplacer **et** par **et puis**.
Substituez à la forme **est** le futur ***sera*** **:** Elle ***sera*** modeste.

98. HORS *OU* OR ?

Hors est une préposition, signifiant en dehors : ***Hors*** *de l'orthographe, point de salut !*
Or est une conjonction de coordination introduisant un fait ou un argument nouveau, souvent en contradiction avec ce qui précède : *Tu avais dit que tu viendrais ;* ***or*** *on ne t'a pas vu de la journée.*

L'ASTUCE EN +

Remplacez ***hors*** par ***en dehors*** *de*, et ***or*** par ***mais***.

99. LA *OU* L'A ?

La est l'article défini ou le pronom personnel complément féminin : ***La*** *maison dont vous me parlez, je* **la** *veux.*
L'a est constitué du pronom personnel complément singulier (masculin ou féminin) élidé, suivi de *avoir* au

présent de l'indicatif (suivi ou non d'un participe passé) : *Cette maison, il **l'a** achetée ; Cette maison, il **l'a** enfin.*
Là est l'adverbe de lieu ou la particule démonstrative : *Posez **là** cette bouteille-**là**.*

L'ASTUCE EN +

Remplacez ***l'a*** par un imparfait, ***l'avait*** **:** *Cette maison, il **l'avait** achetée ; Cette maison, il **l'avait** enfin.*
Substituez à l'article/pronom ***la*** le masculin ***le*** : ***Le** loft dont vous me parlez, je **le** veux.*

100. LEUR *OU* LEURS ?

Leur est le pronom personnel pluriel COI/COS et demeure toujours invariable : *Je **leur** obéis.*
Leur(s) est le déterminant possessif et s'accorde : *Ils portent tous **leur** bonnet et **leurs** gants.*

L'ASTUCE EN +

Leur est toujours invariable devant un verbe.
Leur(s) varie quand il est devant un nom.

101. MAIS *OU* MES ?

Mais est une conjonction de coordination : *Il est beau,* ***mais*** *très bête.*

L'ASTUCE EN +

Mes est un déterminant possessif pluriel : ***Mes*** *jeunes années sont un lointain souvenir.*
Mais peut être remplacé par un autre terme exprimant l'opposition : ***cependant***.

102. NI *OU* N'Y ?

Ni est une conjonction de coordination, souvent redoublée : *Je n'aime* ***ni*** *les épinards,* ***ni*** *Popeye.*
N'y est formé de la négation *ne* élidée, suivie du pronom adverbial *y* : *Il* ***n'y*** *arrivera jamais.*

L'ASTUCE EN +

Ni ne se trouve jamais devant un verbe conjugué, ***n'y*** toujours.

103. NOTRE *OU* NÔTRE ?

Notre, ***votre*** sont des déterminants possessifs : ***Notre*** *villa est plus petite que* ***votre*** *maison*.
Nôtre, ***vôtre*** sont des pronoms possessifs : *La* ***nôtre*** *est plus petite que la* ***vôtre***.

L'ASTUCE EN +

Notre, **votre** se trouvent toujours devant un nom. ***(Le, la, les) nôtre(s), vôtre(s)*** peuvent être remplacés par les pronoms possessifs ***mien***, ***tien***.

104. ON *OU* ONT ?

On est le pronom indéfini ; il représente une personne inconnue ou remplace de plus en plus souvent, dans la langue familière, le pronom *nous* : ***On*** *a frappé à la porte* ; ***On*** *vient pour quelle heure ?*
Ont est le verbe *être* à la 3e p. du pluriel du présent de l'indicatif : *Ils* ***ont*** *toujours faim*.

L'ASTUCE EN +

On peut être remplacé par le pronom personnel ***il***:
Il *a frappé à la porte.*
Ont peut être remplacé par le futur du verbe *avoir*:
auront.

105. OU *OU* OÙ ?

Ou est une conjonction de coordination : *Vous préférez du fromage* ***ou*** *un dessert ?*
Où est un adverbe de lieu ou un pronom interrogatif : ***Où*** *est-il ? Je me demande* ***où*** *il est.*

L'ASTUCE EN +

Ou est l'équivalent de ***ou bien***.
Dans tous les autres cas, écrivez ***où***.

106. PLUTÔT *OU* PLUS TÔT ?

Plutôt est un adverbe signifiant « de préférence » ou « assez » : *Je viendrai* ***plutôt*** *en train ; C'est* ***plutôt*** *pratique.*
Plus tôt est formé de deux adverbes et est le contraire de plus tard : *Il est parti* ***plus tôt*** *que prévu.*

L'ASTUCE EN +

Vous pouvez remplacer ***plus tôt*** par son antonyme ***plus tard***.
Dans tous les autres cas, écrivez ***plutôt***.

107. QUANT, QUAND *OU* QU'EN ?

Quand est un adverbe interrogatif ou une conjonction de subordination : *Je me demande* ***quand*** *elle arrive.* ***Quand*** *arrive-t-elle ?*
Quant ne se trouve que dans la locution prépositionnelle ***quant à*** (« en ce qui concerne ») : ***Quant à*** *lui, il ne m'a toujours pas répondu.*
Qu'en est constitué de ***que*** (adverbe, conjonction de subordination, pronom relatif…) + le pronom adverbial ou la préposition ***en*** : *Ce n'est* ***qu'en*** *forgeant qu'on devient forgeron.*

L'ASTUCE EN +

Quand peut toujours être remplacé par ***lorsque*** ou ***même si***.
Quant à signifie toujours « en ce qui concerne ».
Dans les autres cas, écrivez ***qu'en***.

108. QUEL(LE) *OU* QU'ELLE ?

Quel(le) est un déterminant interrogatif : ***Quels*** *livres as-tu lus ?* On le trouve aussi dans la locution ***tel(le) quel(le)***, qui n'est jamais suivie d'un nom ou d'un verbe : *Elles ont été conservées* ***telles quelles***.
Qu'elle est formé de ***que*** + pronom personnel féminin ***elle*** : *Ce* ***qu'elle*** *dit ne concerne* ***qu'elle***.

L'ASTUCE EN +

Quel est toujours situé devant un nom (avec lequel il s'accorde).

109. QUELQUE *OU* QUEL QUE ?

Quelque en un mot peut être :

- Un déterminant indéfini (qui s'accorde) : *Il a prononcé* ***quelques*** *mots ; Elle est restée* ***quelque*** *temps.*
- Un adverbe (invariable) : *Il mesure* ***quelque*** *deux mètres ;* ***Quelque*** *méchants que soient les hommes, ils n'oseraient paraître ennemis de la vertu.* (La Rochefoucauld)

Quel(le) que est une locution concessive qui ne se trouve que devant le verbe *être* (éventuellement *pouvoir,* *devoir*) au subjonctif : *Il n'accepte aucune critique,* ***quelle qu'****elle soit.*

L'ASTUCE EN +

Quel que est toujours suivi directement d'un pronom *il(s) / elle(s)* ou des verbes *être, pouvoir, devoir* au subjonctif.
Dans les autres cas, c'est ***quelque(s)*** qui s'impose.

110. QUOIQUE *OU* QUOI QUE ?

Quoique est une conjonction de subordination synonyme de *bien que* : ***Quoiqu'****il soit gentil, il a peu d'amis.*
Quoi que est une locution concessive signifiant « quelle que soit la chose que » : ***Quoi qu'****il fasse, on l'aime.*

L'ASTUCE EN +

Quoique peut toujours être remplacé par ***bien que***.

111. SANS, C'EN *OU* S'EN ?

Sans est une préposition (devant un nom, un infinitif) : *Il part* ***sans*** *prévenir et* ***sans*** *ses bagages.*

S'en est constitué du pronom réfléchi ***se*** + pronom adverbial ***en***: *Il **s'en** fiche.*
C'en est formé du démonstratif ***ce*** élidé + pronom adverbial ***en***: ***C'en*** *est fini.*

L'ASTUCE EN +

S'en se trouve toujours devant un verbe (pronominal): *Il **s'en** va, il **s'en** occupe…*
C'en peut être remplacé par **cela en**: ***C'en*** *devient ridicule > Cela en devient ridicule.*
Dans les autres cas, écrivez ***sans***.

112. SI *OU* S'Y?

Ci est une particule démonstrative (*ces jours-**ci***) ou un adverbe démonstratif présent dans des expressions ou locutions: *par-ci par-là, de-ci de-là, ci-après, ci-dessus, ci-joint, comme ci comme ça…*
Si est un adverbe intensif (*Elle est **si** jolie*) ou une conjonction de subordination (***Si*** *tu viens, je t'accueillerai*).
S'y est constitué du pronom réfléchi ***se*** et du pronom adverbial *y*: *Ils ne **s'y** attendent pas.*

L'ASTUCE EN +

Pensez à remplacer ***si*** (conjonction) par ***quand*** et ***si*** (adverbe) par ***tellement***.
Dans tous les autres cas, vous écrirez ***s'y***.

113. SOI *OU* SOIT ?

Soit est le subjonctif présent du verbe *être* : *Il faut qu'on* ***soit*** *sérieux*. Dans certaines circonstances, il s'est figé et est devenu une conjonction (invariable) : ***Soit*** *un triangle ABC.* ***Soit*** *tu te tais,* ***soit*** *tu pars.*
Soi est un pronom réfléchi : *On a toujours besoin d'un plus petit que* ***soi***.

⚠ L'adjectif invariable ***soi-disant*** (« se disant soi-même ») est bien composé sur ***soi*** : *un* ***soi-disant*** *héros, de* ***soi-disant*** *héros.*

L'ASTUCE EN +

Soi peut toujours être remplacé par ***soi-même.***

114. SON *OU* SONT ?

Son est le déterminant possessif de la 3e p. du singulier : *Il a pris* ***son*** *sac.*
Sont est le verbe *être* à la 3e p. du pluriel du présent de l'indicatif : *Les temps* ***sont*** *durs.*

L'ASTUCE EN +

Remplacez ***son*** par ***ses***.
Substituez à la forme ***sont*** le futur ***seront***.

115. IL EST ACCRO À SON PORTABLE *OU* IL EST ACCROC À SON PORTABLE ?

Accro (« dépendant à une drogue, passionné ») est l'abréviation familière de *accroché* : *Il est* ***accro*** *aux nouvelles technologies.*
Un ***accroc***, dérivé du verbe *accrocher*, est une déchirure et, au sens figuré, une infraction ou une difficulté : *Il a fait un accroc à son pantalon* ; *Notre voyage s'est déroulé sans accrocs.*

116. PAR ACQUIT DE CONSCIENCE *OU* PAR ACQUIS DE CONSCIENCE ?

Lorsque l'on fait quelque chose par ***acquit de conscience***, on le fait pour *s'acquitter* de sa conscience.

117. J'AI AFFAIRE À UN IDIOT *OU* J'AI À FAIRE À UN IDIOT ?

On écrit ***avoir affaire à quelqu'un***, « se trouver en rapport avec quelqu'un » : *Vous aurez affaire à moi !* ; *J'ai affaire à forte partie.*
On écrit ***j'ai à faire*** dans les autres cas : *J'ai à faire ailleurs* ; *J'ai à faire un travail important.*

118. SOUS DE BONS AUSPICES *OU* SOUS DE BONS HOSPICES ?

Les ***auspices*** étaient dans l'Antiquité les présages tirés du vol des oiseaux ; aujourd'hui, les expressions ***sous de bons / heureux / favorables / tristes / funestes auspices*** s'appliquent aux conditions, propices ou non, sous lesquelles se déroule un événement.
L'**hospice** (même racine que *hôtel, hôpital*) désigne un asile pour orphelins, vieillards… : *Son séjour à l'hospice ne s'annonce pas sous d'heureux auspices !*

119. AU TEMPS POUR MOI *OU* AUTANT POUR MOI ?

Peut-être serez-vous étonné de découvrir que l'expression ***Au temps pour moi !*** s'écrit ainsi. Elle est issue d'une locution du langage militaire : « Au temps pour les crosses ! » s'utilisait pour commander de reprendre le mouvement depuis le début. Par extension, elle s'est ensuite employée au figuré pour admettre son erreur et concéder que l'on va reprendre les choses depuis le début : « Au temps pour moi ! »
Rien à voir, donc, avec l'adverbe *autant* !

120. JE FAIS UNE BALADE *OU* JE FAIS UNE BALLADE ?

Une ***balade*** est, dans la langue familière, une promenade : *Je fais une balade en forêt tous les dimanches matin.*
Une ***ballade*** est un type de poème : *La Ballade des pendus* de François Villon.

121. AU BAN DE LA SOCIÉTÉ *OU* AU BANC DE LA SOCIÉTÉ ?

Ban est un nom polysémique : proclamation officielle d'un ordre (puis surtout d'un futur mariage : « publier les bans ») ; par extension, roulement de tambour précédant

une proclamation (« ouvrir, fermer le ban ») ; dans le monde féodal, convocation des vassaux par le suzerain (*cf.* l'expression « convoquer le ban et l'arrière-ban ») ; enfin, il renvoie à un exil imposé par proclamation (*cf.* le verbe *bannir*). L'expression **mettre au ban** correspond à cette dernière acception : *Il a été mis au ban de la société.*
Le ***banc*** désigne un siège, un amas formant une couche : *un banc de sable, un banc de poissons.*

122. IL BAYE AUX CORNEILLES *OU* IL BÂILLE AUX CORNEILLES ?

Le verbe ***bayer*** est une variante du verbe *béer*. Il ne s'utilise plus que dans l'expression courante ***bayer aux corneilles*** « rêvasser ».

123. LE MAÎTRE DE CÉANS *OU* LE MAÎTRE DE SÉANT ?

Céans est une préposition obsolète signifiant « ici dedans » : *le maître de céans.*
Le ***séant*** vient de l'ancien participe présent du verbe *seoir* ; il désigne de manière fort bienséante… le derrière ! : *Il se dressa soudain sur son séant.*

124. TU ES CENSÉ TRAVAILLER *OU* TU ES SENSÉ TRAVAILLER ?

Censé (toujours suivi d'un infinitif) signifie « supposé » : *Tu es censé me respecter.*
Sensé signifie « raisonnable, qui a du bon *sens* » : *L'humain est-il toujours un être sensé ?*

125. C'EST LE CHAOS *OU* C'EST LE CAHOT ?

Le ***chaos*** (issu de la divinité grecque primordiale *Chaos*) désigne le désordre, l'anarchie : *La guerre apporte le chaos.* Adjectif dérivé : ***chaotique***.
Un ***cahot*** est un soubresaut, une secousse dans un transport : *Les cahots de la route me donnent mal au cœur.* Adjectif dérivé : ***cahoteux***.

126. FAIRE BONNE CHÈRE *OU* FAIRE BONNE CHAIR ?

La ***chère***, que l'on retrouve dans l'expression ***faire bonne chère*** (« faire un bon repas »), vient du grec *kara* (« tête, visage »). L'expression *faire bonne chère à quelqu'un* signifiait d'ailleurs à l'origine « lui faire bon visage, bon accueil ». Rien à voir, donc, avec la ***chair*** (« viande ») !

127. RÉPONDEZ EN CHŒUR *OU* RÉPONDEZ EN CŒUR ?

Le ***chœur*** est un ensemble vocal ; d'où l'expression courante ***en chœur*** (« à l'unisson ») : *Ils ont tous répondu en chœur.*

128. À COR ET À CRI *OU* À CORPS ET À CRI ?

L'expression ***à cor et à cri***, issue de la chasse (*chasser à cor et à cri* = chasser avec le cor et les chiens), signifie « avec insistance et bruyamment » : *Il réclame notre aide à cor et à cri.*

129. UN KRACH BOURSIER *OU* UN CRACK BOURSIER ?

Expression pléonastique, le ***krach*** *boursier* désigne l'effondrement des cours de la Bourse.
Le ***crack*** est, au choix, un cheval de course excellent et par extension un champion, ou un dérivé de la cocaïne.
Ne les confondez pas non plus avec l'onomatopée *crac !* (bruit sec), *une craque* (mensonge) et *le krak* (château fort des croisés en Syrie).

130. DAVANTAGE *OU* D'AVANTAGE ?

L'adverbe ***davantage*** signifie « plus » : *Il exige davantage d'investissement.*

D'avantage(s) est un groupe nominal formé du nom *avantage* : *On ne peut remettre en question tant d'avantages acquis.*

131. SON COMPORTEMENT DÉTONNE *OU* SON COMPORTEMENT DÉTONE ?

Détonner signifie « ne pas être dans le ton, jurer » : *Son comportement détonne avec ses propos.*

Détoner signifie « exploser, produire une détonation » : *La nitroglycérine détone fortement.*

Cf. aussi l'expression *un mélange détonant.*

132. ILS ONT EU UN DIFFÉREND *OU* ILS ONT EU UN DIFFÉRENT ?

Un ***différend*** est un désaccord, une querelle : *Un différend les oppose quant à l'argent.*

Ne le confondez pas avec l'adjectif *différent* (« dissemblable »).

133. UN VISAGE EMPREINT DE SÉRÉNITÉ *OU* UN VISAGE EMPRUNT DE SÉRÉNITÉ ?

Le participe-adjectif ***empreint*** signifie « marqué, comme par une *empreinte* » : *Son visage était empreint de sérénité.* Le nom ***emprunt*** désigne, quant à lui, l'obtention d'une somme d'argent.
Pensez aussi à bien distinguer les formes verbales : *Une attitude empreinte de modestie / La voiture emprunte une petite route.*

134. ILS SE DISPUTENT À L'ENVI *OU* ILS SE DISPUTENT À L'ENVIE ?

La locution ***à l'envi*** (du latin *invitare*) est synonyme de « à qui mieux mieux » : *Ils se disputent à l'envi.*

135. DU FOIE GRAS *OU* DU FOI GRAS ?

Le ***foie*** (éventuellement gras !) est un organe. Il ne doit pas être confondu avec *la foi* (« croyance »), ni avec *une fois, deux fois…*

136. UN FONDS DE COMMERCE *OU* UN FOND DE COMMERCE ?

Le ***fonds*** a plusieurs acceptions : un bien immeuble, une propriété ; *un* ***fonds de commerce*** ; un capital (*à fonds perdu, bailleur de fonds, fonds de pension…*) ; ensemble de ressources (*le fonds d'une bibliothèque*).
Le ***fond*** (partie la plus basse) a beau avoir la même étymologie (latin *fundus*), l'orthographe a distingué les deux sens.

137. EN MON FOR INTÉRIEUR *OU* EN MON FORT INTÉRIEUR ?

Le ***for intérieur*** (du latin *forum*) est le tribunal de la conscience ; on ne le trouve plus guère que dans l'expression ***en mon for intérieur*** (« au fond de moi-même »).

138. LA GENT FÉMININE *OU* LA GENTE FÉMININE ?

La ***gent*** (prononcez « jan ») est une espèce, une race, une famille : La Fontaine parle de la « gent trotte-menu » pour désigner les souris.
Ne confondez pas ce nom avec l'adjectif *gent, gente* (d'un emploi vieux ou très littéraire) signifiant « joli, gracieux ».

139. UN GRIL *OU* UN GRILL ?

Un ***gril*** est l'ustensile pour faire griller des aliments : *Avec lui, je suis constamment sur le gril.*
Grill, abréviation de l'anglicisme *grill-room*, désigne un restaurant de grillades.

140. ÊTRE À CENT LIEUES DE CROIRE *OU* ÊTRE À CENT LIEUX DE CROIRE ?

La ***lieue*** est une ancienne mesure itinéraire (environ 4 km), restée fameuse grâce aux ***bottes de sept lieues*** du Petit Poucet ; elle est encore usitée dans les expressions *à vingt / cent lieues à la ronde* et *être à cent / mille lieues de…*
La ***lieue*** marine, quant à elle, vaut 3 milles marins (soit 5 555,5 m) : on la connaît aussi grâce au roman de Jules Verne *Vingt mille lieues sous les mers*.

141. IL SOUFFRE LE MARTYRE *OU* IL SOUFFRE LE MARTYR ?

Un ***martyr***, une ***martyre*** désignent la personne suppliciée : *Saint Sébastien est un martyr romain du* IIIe *siècle.*
Le ***martyre*** s'applique à la torture infligée : *Le Martyre de saint Sébastien*, œuvre de Debussy.

142. PALLIER UN PROBLÈME *OU* PALIER UN PROBLÈME ?

Pallier (*quelque chose*, et non pas *à quelque chose*) signifie normalement « dissimuler sous des aspects trompeurs » : *Il pallie son incompétence par une incroyable vantardise.* Par influence de *remédier*, le verbe *pallier* en est venu à être synonyme de « atténuer, résoudre provisoirement » : *Le gouvernement pallie le chômage des jeunes par des stages rémunérés.*

Ne confondez pas ce verbe avec le nom *palier* « plate-forme de plain-pied ».

143. IL M'A PRIS À PARTIE *OU* IL M'A PRIS À PARTI ?

On écrit ***prendre quelqu'un à partie*** (« s'en prendre à lui »), expression dans laquelle *partie* vient du langage juridique (*les parties en présence*).

En revanche, on écrit ***prendre parti pour quelqu'un*** (« prendre position, opter »).

144. UN PHILTRE DE SORCIÈRE *OU* UN FILTRE DE SORCIÈRE ?

Le ***philtre*** est un breuvage magique censé inspirer l'amour.

Ne le confondez pas avec le *filtre à café, à air* ou *à cigarette* !

145. DE PLAIN-PIED *OU* DE PLEIN-PIED ?

On écrit ***de plain-pied***, *un plain-chant*, où *plain* est un ancien adjectif signifiant « plat ».

146. LES PRÉMICES DU PRINTEMPS *OU* LES PRÉMISSES DU PRINTEMPS ?

Les ***prémices*** (nom féminin pluriel) désignent les premiers signes annonçant un phénomène : *Les prémices du printemps sont là.*

La ***prémisse*** d'un syllogisme (raisonnement logique contenant trois propositions) correspond à chacune des deux premières propositions (la majeure et la mineure) ; par exemple : « Tout homme est mortel (*majeure*), or Socrate est un homme (*mineure*), donc Socrate est mortel. » Par extension, *prémisse* désigne un postulat dont on tire une conclusion.

147. JE SUIS PRÈS DE PARTIR *OU* JE SUIS PRÊT DE PARTIR ?

Être près de signifie « être sur le point de » : *Les chercheurs sont près de découvrir un vaccin.*
Être prêt(e) à signifie « être préparé, disposé à » : *Nous sommes enfin prêts à partir.*

148. IL FAUT RAISONNER *OU* IL FAUT RÉSONNER ?

Raisonner, c'est faire usage de sa raison : *Cet enfant raisonne logiquement.*
Résonner, c'est faire entendre une résonance : *Dans cette salle, le son résonne très bien.*

149. UN POINT DE REPÈRE *OU* UN POINT DE REPAIRE ?

Un **repère** est une marque permettant de retrouver quelque chose : *Cette rue me sert de point de repère.*
Un ***repaire*** est un refuge pour bêtes sauvages ou pour individus peu recommandables : *La police a délogé les malfaiteurs dans leur repaire.*

150. LA SATIRE DE VOLTAIRE *OU* LA SATYRE DE VOLTAIRE ?

La satire est un texte ou discours qui attaque quelque chose ou quelqu'un en le raillant : *Ce film est une satire de la société de consommation.*

Le satyre était, dans la mythologie grecque, une divinité à corps humain et à cornes de bouc, faisant partie du cortège du dieu Pan ; par extension, le terme désigne un obsédé sexuel.

151. JE SUIS SCEPTIQUE *OU* JE SUIS SEPTIQUE ?

Les ***sceptiques*** (« observateurs » en grec) étaient des philosophes partisans du doute systématique, d'où le sens contemporain d'« incrédule » : *Je suis sceptique quant à la réussite de leur projet.*

Issu d'un verbe grec signifiant « pourrir », l'adjectif **septique** (« qui produit l'infection ») se retrouve couramment dans la *fosse septique*, ainsi que dans *choc septique*, *septicémie* et *aseptisé*.

152. IL EST RUSÉ, VOIRE MACHIAVÉLIQUE *OU* IL EST RUSÉ, VOIR MACHIAVÉLIQUE ?

L'adverbe ***voire*** (du latin *vera* « vraiment ») signifie « et même » : *Il est rusé, voire machiavélique.*
Attention au pléonasme *voire même* !

Chapitre 4

L'orthographe lexicale

153. L'HABILETÉ *OU* L'HABILETÉE ?

Les noms féminins en *-té* ou *-tié* ne prennent pas de *e* (***habileté***, ***amitié***), sauf :

- S'ils expriment un contenu : *brouettée, fourchetée, nuitée, pelletée.*
- Si ce sont des noms issus de participes passés féminins : *butée, dictée, jetée, portée.*

154. LA GLU *OU* LA GLUE ?

Les noms féminins en *-ue* prennent un *e* final (*laitue, venue*), sauf : ***bru, glu, tribu, vertu***.

155. LA FOURMI *OU* LA FOURMIE ?

Quelques noms féminins ne prennent pas de *-e* final (marque habituelle du féminin) :

- *La foi, la* ***fourmi,*** *la paroi.*
- Des noms en -*s* ou en -*x* : *brebis, fois, souris* ; *croix, noix, paix, poix, perdrix, toux, voix.*

156. UN ATHÉE *OU* UN ATHÉ ?

Un petit nombre de noms masculins, issus de mots grecs, se terminent par un -*e* final ; parmi les plus courants : *athée, apogée, caducée, camée* (pierre fine sculptée), *lycée, macchabée, mausolée, musée, pygmée, scarabée, trophée.*
D'autre part, quelques noms suffixés en -*oir* prennent aussi un *e* final : *auditoire, conservatoire, exutoire, réfectoire, grimoire, interrogatoire, laboratoire, moratoire, observatoire, prétoire, promontoire, purgatoire, répertoire, réquisitoire, suppositoire, territoire.*

157. JUVÉNILE *OU* JUVÉNIL ?

Les adjectifs en -*ile* prennent pour la plupart un -*e*, même au masculin : *débile, facile, infantile, juvénile, sénile, stérile, tactile, utile…*
Huit exceptions : *bissextil, civil, incivil, puéril, subtil, vil, viril, volatil.*

158. ABATTRE *OU* ABBATTRE ?

Les mots commençant par *ab*- s'écrivent avec un seul *b* (***abattre***, *abonner*…), sauf *abbé* et ses dérivés (*abbaye*, *abbatial*…).

159. ACCOLER *OU* ACOLLER ?

Les mots formés sur le préfixe *ac*- prennent en général deux *c* : ***accoler***, *accommoder, accorder, accourir*…
Exception : *acompte, s'acoquiner*.

160. UN OCULISTE *OU* UN OCCULISTE ?

Un ou deux *c* ? Les hésitations sont peu nombreuses… mais persistantes ! Parmi les plus fréquentes :

1 c	2 c
acabit, acacia, académie, acariâtre, acarien, acolyte, acoustique, acuité, acupuncture, brocoli, caracoler, éclectisme, oculaire, ***oculiste****, osso buco, racoler, sacoche, stomacal*	*baccalauréat, buccal, carpaccio, coccyx, ecchymose, ecclésiastique, impeccable, occulter, raccommoder, saccade, saccage, succion, succursale*

161. ADDICTION *OU* ADICTION ?

Les mots commençant par *ad-* ne prennent qu'un *d* : *adapter, adorer, adresse…*
Exceptions : les mots de la famille d'***addiction***, *addition.*

162. AFFOLER *OU* AFOLLER ?

Les mots commençant par *af-* prennent presque tous deux *f* : *affaire, affiner,* ***affoler****…*
Exceptions : *aficionado, afin de, Afrique.*

163. GAUFRE *OU* GAUFFRE ?

Les hésitations quant au doublement du *f* sont assez fréquentes :

1 f	2 f
agrafe, bâfrer, balafre, boursoufler, camoufler, échafaud, emmitoufler, époustouflant, érafler, esbroufe, ***gaufre****, gifle, girafe, girofle, moufle, mouflet, mufle, pantoufle, parafe, persifler, professeur, rafale, rafiot, rafle, rafraîchir, rifle, sofa, soufre, trafic*	*baffe, baffle, buffle, couffin, ébouriffer, échauffourée, s'empiffrer, s'esclaffer, gouffre, graffiti, griffe, insuffler, joufflu, paraffine, piaffer, raffiner, raffoler, raffut, siffler, souffrir, taffetas, touffe, truffe*

164. AGRIPPER *OU* AGGRIPER ?

La plupart des mots en *ag-* ne prennent qu'un g : *agrandir, agresser,* ***agripper****...*
Exceptions : les mots de la famille d'*agglomérer, agglutiner* et *aggraver*.

165. ALOURDIR *OU* ALLOURDIR ?

La plupart des mots préfixés en *al-* prennent deux *l* : *allaiter, alléger, allonger...*
Quelques-uns s'écrivent avec un seul *l* : *alanguir, aligner, aliter,* ***alourdir***.

166. GIROLLE *OU* GIROLE ?

La présence d'un *l* simple ou double ne va pas toujours de soi !

1 l	**2 l**
accolade, affoler, annihiler, annulation, baladin, balistique, colonne, encolure, folâtre, galerie, halogène, imbécile, pilule, profiterole, racoler Quelques noms issus de verbes en -eler: *cisèlement, craquèlement, démantèlement, écartèlement, harcèlement, martèlement*	*attelle, atoll, belliqueux, chlorophylle, colline, corolle, cristallin, distiller, ébullition, ellipse, fallacieux,* ***girolle****, idylle, imbécillité, interpeller, lilliputien, malléable, mallette, métallique, mollasson, osciller, parallèle, polluer, pulluler, solliciter, velléité*

167. AMERRIR *OU* AMMERRIR ?

Excepté *ammoniac*, tous les mots courants commençant par *am-* s'écrivent avec un seul : *amener,* ***amerrir****, amollir…*

168. MAMMIFÈRE *OU* MAMIFÈRE ?

Quelques doutes sur le *m* simple ou double ? Voici qui pourra vous aider :

1 *m*	2 *m*
bonhomie, comestible, comité, concomitant, consumer, homicide, mamelle, mamelon, prud'homie, prud'homal	*assommer, bonhomme, commerce, comminatoire, commode, commotion, consommer, dilemme, dommage, flamme, flemme, grammaire, hommage, immense, incommensurable, innommable, mammaire,* ***mammifère****, mammographie, mammouth, pommade, prud'homme, sommet, sommité, summum*

169. ANOBLIR *OU* ANNOBLIR ?

L'immense majorité des verbes commençant par le préfixe *an-* s'écrit avec deux *n* : *annihiler, annoncer, annoter, annuler*…

Exceptions : *anéantir,* ***anoblir***.

170. CANNIBALE *OU* CANIBALE ?

De nombreux mots contenant la lettre *n* peuvent poser problème quant à son doublement :

1 *n*	2 *n*
bonace (calme plat), bonasse (bon et faible), canevas, canicule, caniveau, cantonal, colline, donation, s'enamourer, enivrer, s'enorgueillir, erroné, honorer, matrone, Méditerranée, millionième, nonobstant, paner, panonceau, patronage, patronal, patronat, persona non grata, Pyrénées, rubaner, safrané, saumoné, saumoneau, saumonette, trottinette	*annihiler, ânonner, britannique, cannabis, cannelle,* ***cannibale****, cantonner, colonne, enrubanner, fauconneau, finnois, hanneton, haussmannien, inné, mannequin, marionnette, marronnier, millionnaire, patronne, patronnesse, paysannat, pérennité, professionnalisme, quinquennat, suranné, tanner, tintinnabuler, vanner*

171. APEURER *OU* APPEURER ?

La majorité des mots formés avec le préfixe *ap-* prend deux *p* : *appareil, appeler, appesantir…*

Exceptions : *apaiser, apercevoir,* ***apeurer****, apitoyer, aplanir, aplatir, apurer.*

172. APOLLON *OU* APPOLON ?

Les mots formés sur les préfixes grecs *a-*, *ana-* et *apo-* ne prennent qu'un *p* : *apatride, apesanteur, politique* ; *anachronique, analyse* ; *apocalypse, apogée,* **Apollon**…

173. DÉVELOPPER *OU* DÉVELLOPER ?

Un ou deux *p* ?

1 *p*	2 *p*
aparté, apéritif, apiculture, aporie, attraper, chape, chiper, chope, choper (prendre, voler), flopée, friper, jupe, laper, opale, opaque, opercule, opium, opulent, rechaper, rescapé, taper, trapu	*achopper, agripper, cappuccino, clapper, clipper,* **développer**, *échapper, échoppe, enveloppe, flipper, frapper, grappe, grappiller, grippe, happer, japper, kidnapper, mappemonde, nappe, nippon, opprobre, réchapper, steppe, stopper, trappe, trappeur, uppercut, varappe, zapper, zipper*

174. BARIOLÉ *OU* BARRIOLÉ ?

Ne vous faites pas rouler par le *r* ! Ne le doublez qu'à bon escient :

1 r	**2 r**
araignée, une arête, aride, arithmétique, baraque, baratte, baril, barillet, bariolé, baroque, bigarade, bigaradier, caresse, carillon, carotte, chariot, corolle, courir, ébouriffer, échauffourée, harasser, intérêt, intéressant, irascible, iriser, ironie, mare (flaque), maronner, marotte, mourir, poireau, suranné	*bagarre, barricade, barrique, bigarré, bigarreau, bizarre, carrière, carriole, carrosse, carrousel, chamarré, charrette, charrue, concurrence, corrélation, corridor, je courrai* (futur), *courrier, courroie, curriculum vitæ, débarras, débarrasser, embarras, embarrasser, ferroviaire, fourrure, garrigue, garrot, hémorragie, hémorroïde, horreur, horrifier, horripilant, interroger, leurre, marraine, se marrer, marron, marronnier, je mourrai, narrateur, nourrir, occurrence, parrain, je pourrai, récurrent, sarrasin, terrifier, tintamarre, torréfier, torride, verrouiller*

175. SUSSURER *OU* SUSURRER ?

Malgré sa position entre deux voyelles, dans quelques mots le *s* peut se prononcer « ss » : *bisexuel, cosinus, décasyllabe, homosexuel, monosyllabe, résipiscence, resucée,* ***susurrer***.

176. ATERMOYER *OU* ATTERMOYER ?

Les mots préfixés en *at-* prennent presque tous deux *t* : *atterrir, attirer, attroupement…*
Exception : ***atermoyer***.

177. SAYNÈTE *OU* SCÉNETTE ?

Parmi les mots dont le doublement du *t* pose problème, voici les plus courants :

1 t	2 t
allitération, arbalète, atavisme, ballotin, bataille, britannique, cacahuète, cahute, chatière, chaton, combatif, courbatu, égoutier, rate (femelle du rat ; organe), ***saynète***	*attelle, ballotter, ballottine, billetterie, blatte, coquetterie, s'égoutter, intermittent, littérature, ratte* (pomme de terre), *robinetterie, tabletterie, trottiner*

⚠ Le mot *scénette* n'existe pas ! Il faut écrire **saynète** (étymologiquement, ce nom n'a rien à voir avec scène !).

178. INONDER *OU* INNONDER ?

Le préfixe *in-* s'ajoute au radical : *onde* > ***inonder*** ; *utile* > *inutile*…

Si ledit radical commence par un *n*, la consonne est logiquement doublée : *inné, innocent, innommable*…

179. IRRATIONNEL *OU* IRATIONNEL ?

Devant un *r*, le préfixe *in-* prend la « couleur » de la consonne qu'il touche :

- *in-* + *l* > *ill-* : *illégal, illimité*…
- *in-* + *m* > *imm-* : *imminent, immortel*…
- *in-* + *r* > *irr-* : ***irrationnel***, *irréel*…

De même, les préfixes *con-*, *ob-* et *sub-* s'assimilent aux consonnes qu'ils précèdent, entraînant l'apparition d'une consonne double :

- *Collaborer, collimateur* ; *commande, commettre* ; *correcteur, correspondre*…
- *Occupation, occurrence* ; *office, offrir* ; *opposer, opprimer*…
- *Succomber, succube* ; *suffisant, suffixe* ; *supposer, supprimer*…

180. DESSALER *OU* DÉSALER ?

La plupart des mots commençant par le préfixe *dés-* s'écrivent avec deux s : *dessaisir*, **dessaler**, *dessécher*, *desserrer*…
Quelques exceptions, de création plus récente : *désacraliser*, *désaper*, *désensibiliser*, *désocialiser*, *désolidariser*.

181. RESALER *OU* RESSALER ?

Ce préfixe très productif pose quelques soucis orthographiques ; la plupart des mots prennent deux s (*ressaigner*, *ressaisir*, *resservir*, *ressusciter*…), mais quelques-uns ne doublent pas le s : **resaler**, *resalir*, *resituer*, *resocialiser*.

182. TRADITIONALISTE *OU* TRADITIONNALISTE ?

Tous les mots formés à l'aide du suffixe *-onnel* prennent deux *n*, sans exception : *intentionnel*, *professionnel*…
En revanche, la situation est plus complexe pour le suffixe *-on(n)al* ; ils prennent généralement deux *n* : *fonctionnalité*, *professionnalisme*, *sensationnalisme*… Mais il y a quelques exceptions : *cantonal*, *congrégationalisme*, *méridional*, *nationalité*, *patronal*, *rationalisme*, *régionalisation*, *septentrional*, **traditionaliste**.

183. S'ÉPOUMONER *OU* S'ÉPOUMONNER ?

La plupart des verbes doublent le *n* : *détonner* (« ne pas être dans le ton, jurer »), *étonner, marmonner, raisonner, résonner…*

Exceptions : *assoner, détoner* (« exploser »), *dissoner,* ***s'époumoner***, *ramoner, téléphoner.*

184. FEUILLETONISTE *OU* FEUILLETONNISTE ?

Le suffixe *-on(n)isme / -on(n)iste* prend généralement deux *n* : *abstentionnisme, abolitionniste, illusionnisme, perfectionniste…*

Un certain nombre d'exceptions compliquent la situation :

- *Anachronisme, antagonisme, canyonisme, daltonisme, hédonisme, hégémonisme, japonisme, laconisme, platonisme, sionisme, unionisme, wallonisme.*
- Les noms d'instrumentistes et quelques autres : *accordéoniste, bassoniste,* ***feuilletoniste***, *ironiste, tromboniste, violoniste.*

185. CRITIQUABLE *OU* CRITICABLE ? UN FABRICANT *OU* UN FABRIQUANT ?

On écrit *-cable* presque tous les adjectifs : *communicable, éducable, explicable, irrévocable, praticable…*

L'ASTUCE EN +

Ils sont tous (sauf *praticable*) formés sur des noms en *-tion*.
Les autres s'écrivent *-quable* : *cliquable, attaquable,* ***critiquable****, immanquable, remarquable.*

De même, les noms et adjectifs en *-cant* s'écrivent avec un *c* quand il existe un nom en *-cation* : *communicant, fabricant, prédicant, provocant…*
Les autres s'écrivent en *-quant* : *délinquant, pratiquant, trafiquant.*

186. À LA CANTONADE *OU* À LA CANTONNADE ?

Les noms en *-nnade* prennent généralement deux *n* : *canonnade, chiffonnade, citronnade, colonnade, fanfaronnade…*

Exceptions : *cantonade, caronade, cassonade, limonade, oignonade.*

187. BALLOTTER *OU* BALLOTER ?

Les noms en *-ote* et les verbes en *-oter* s'écrivent majoritairement avec un seul *t* :

- *Cote* (mesure), *belote, bergamote, bigote, camelote, compote, coyote, despote, échalote, falote, fiérote, gargote, idiote, jugeote, litote, matelote, paillote, papillote, patriote, pelote, petiote, pleurote, poivrote, popote, redingote, tremblote...*
- *Cahoter, capoter, chipoter, clapoter, dorloter, ligoter, mégoter, picoter, sangloter, suçoter, tapoter, tricoter, zozoter...*

Néanmoins, les exceptions doublant la consonne sont assez nombreuses :

- *Bellotte, bougeotte, bouillotte, boulotte, cagnotte, calotte, carotte, cotte* (de mailles), *crotte, culotte, flotte, gibelotte, goulotte, griotte, grotte, hotte, jeunotte, linotte, marotte, mascotte, menotte, motte, pâlotte, quenotte, roulotte, sotte, vieillotte.*
- **Ballotter**, *botter, boulotter, boycotter, calotter, carotter, crotter, culotter, dansotter, flotter, frisotter, frotter, garrotter, grelotter, mangeotter, marmotter, menotter, trotter.*

188. ÉVIDEMMENT *OU* ÉVIDEMENT ?

Les adverbes formés sur les adjectifs en *-ant* / *-ent* prennent toujours deux *m* : *bruyamment, méchamment, vaillamment...* ; *apparemment,* ***évidemment****, fréquemment...*

189. DISCUSSION *OU* DISCUTION ?

Les innombrables noms en *-tion* s'écrivent en général avec un *t* : *approbation, position, parution...*
Cependant, un certain nombre de noms prennent deux *s* :
- *Discussion, percussion, répercussion* ;
- *Mission* et ses dérivés : *admission, commission, compromission, démission, émission, omission, permission, soumission, transmission* ;
- *Fission* ;
- *Scission* ;
- *Cession* et ses dérivés : *accession, concession, intercession, procession, récession, sécession, succession* ;
- Les noms formés sur la racine *-gression* : *agression, digression, progression, régression, transgression.*
- *Pression* et ses dérivés : *compression, dépression, expression, impression, oppression, suppression* ;
- *Session, obsession, possession, dépossession* ;
- *Passion, compassion.*

190. CONNEXION *OU* CONNECTION ?

L'immense majorité des noms en *-ction* s'écrivent *ct* : *action, déduction, interdiction…*
Quelques noms s'écrivent *-xion* : *annexion*, ***connexion***, *déconnexion, interconnexion ; flexion, génuflexion, inflexion, irréflexion, réflexion ; fluxion ; crucifixion ; complexion ; convexion.*

191. CAUCHEMAR *OU* CAUCHEMARD ?

Pour trouver la lettre muette finale (ou non) d'un mot, rien de plus simple : cherchez un mot de la même famille ! Ainsi *hasardeux* vous aidera à écrire *hasard*, *digital doigt* ou *accrocher accroc*.

⚠ Un certain nombre de mots « piégeux » n'ont pas de voyelle finale malgré la présence d'une consonne de liaison : *abri / abriter ; bazar / bazarder ;* ***cauchemar*** */ cauchemardesque ; coi / coite ; Esquimau / Esquimaude ; favori / favorite.*
Parfois, la consonne finale est différente de la consonne présente dans les dérivés : *absous, dissous / absoute, dissoute ; caoutchouc / caoutchouteux ; chaos / chaotique ; relais / relayer ; souris / souriceau ; verglas / verglacer ; zinc / zingueur.*

192. UN HÉROS *OU* UN HÉRO ?

Un certain nombre de noms prennent un s final étymologique dès le singulier : *un aurochs, un corps, un cours* (et ses dérivés : *concours, recours, secours*), *un fonds* (de commerce), *le tréfonds, un* **héros**, *un lacs* (piège – prononcé « la »), *un legs, un mets, un entremets, un poids, un puits, un remords, un rets* (filet), *un temps, un vers*.

⚠ En revanche, on écrit sans s final *un champ*.

193. RÉSONANCE *OU* RÉSONNANCE ?

Les mots de la famille de *sonner* semblent s'ingénier à nous tromper… Alors, un ou deux *n* ?

1 n	***2 n***
assoner, assonance, assonant ; consonance, consonant, consonantique ; dissoner, dissonance, dissonant ; résonance, réson(n)ant, résonateur	*sonner, sonnerie, sonnette, sonneur ; consonne ; résonner ; malsonnant ; réson(n)ant*

194. VICISSITUDES *OU* VISSICITUDES ?

Le son [s] offre de nombreuses réalisations graphiques, si bien que certains mots s'avèrent parfois malaisés à écrire :

- Graphie *sc* : *abscisse, acquiescer, ascenseur, ascète, concupiscent, conscience, desceller, descendre, discerner, discipline, escient, faisceau, fascicule, fasciner, s'immiscer, imputrescible, irascible, lascif, obscène, osciller, piscine, plébiscite, prescience, sceau, scélérat, sceller* (fermer à l'aide d'un sceau), *scène, sceptique* (qui doute), *sceptre, scie, science, scinder, scintiller, scission, transcender, viscère* + le suffixe *-escent* (*adolescent, effervescent, phosphorescent…*).
- La cédille ne se trouve que devant *a, o, u*, jamais devant *e, i, y* : *glaçage, garçon, gerçure…*
- Quelques mots sont souvent source d'erreurs : *absence, ascenseur, nécessaire, quintessence, vermisseau,* ***vicissitudes***.

195. HYPOTÉNUSE *OU* HYPOTHÉNUSE ?

Lettre muette, le *h* s'immisce sournoisement dans certaines racines latines : *exhaler, inhaler ; adhérent, inhérent ; exhiber, inhiber, prohiber, rédhibitoire ; abhorrer ; exhaustif ; inhumer, exhumer, posthume, transhumance.*

Sans omettre les mots dans lesquels la présence ou la place du *h* posent problème :

- Avec *h* (à bien placer !) : *afghan, aneth, cirrhose, dahlia, diarrhée, exhorter, fuchsia, ghetto, léthargie, mammouth, plinthe* (en bas d'un mur), *rhétorique, stéthoscope, zénith* ;
- Sans *h* : *agate* (pierre), *azimut, étique* (maigre), *étymologie, exalter, exorbitant,* ***hypoténuse***.

196. LABYRINTHE *OU* LABIRYNTHE ?

Comme son nom l'indique, le *y* est hérité du upsilon grec ; on le trouve dans des centaines de mots, dont certains nous font souvent hésiter… Parmi les mots courants : *abysse, acolyte, amygdale, apocalypse, baryton, borborygme, coccyx, cycle, cygne, cyprès, ecchymose, embryon, éthylique, étymologie, eucalyptus, gymnastique, gyrophare, Hippolyte, hyène, hymne, hypnose, hystérie, kyrielle, kyste, lacrymal, larynx, lynx, lyrisme, martyr, mygale, myope, myriade, myrtille, mystère, odyssée, olympique, oxygène, papyrus, paralyser, paroxysme, presbyte, psychanalyse, pylône, pyramide, python, un satyre* (divinité champêtre ; obsédé sexuel), *système, thym, tomber de Charybde en Scylla, tympan, tyran.*

Certains mots nous induisent parfois à compliquer leur orthographe en y glissant un *y* tout à fait superflu : *antinomie, hippodrome, misanthrope, philosophie, saphir, une satire, schizophrène, sphinx* (monstre de l'Antiquité).

Mais les principaux problèmes concernent la place du *i* et du *y* dans certains mots :
- *i* + *y* : *amphitryon, bicyclette, callipyge, dithyrambique, diptyque, dissymétrie, idylle, Libye, misogyne, vinyle* ;
-*y* + *i* : *amaryllis, antonymie, asphyxie, cynique, cystite, ithyphallique, labyrinthe, panégyrique, strychnine, syphilis.*

197. EXERCICE *OU* ÉXERCICE ?

L'accent aigu se place sur le *e* pour marquer un [e] fermé : *cl**é**, s**é**rieux, int**é**ressant…*
L'accent grave se place sur le *e* pour marquer un [ɛ] ouvert : *je g**è**le, m**è**re, man**è**ge…* On le trouve aussi sur le *a* dans quelques mots (*ç**à*** dans *çà et là*, *deç**à**, déj**à**, del**à**, hol**à**, l**à**, voil**à***) et sur le *u* dans un seul mot : *o**ù***.

On ne met jamais d'accent aigu ni grave :
- Devant une consonne finale (sauf s) ou un groupe de consonnes finales : *un m**e**ts, cl**e**f, dir**e**ct, inqui**e**t, ch**e**z, s**e**l…*
- Devant une consonne double, un *x* ou un groupe de consonnes : *int**é**r**e**sser, p**e**lle* ; ***exercice**, s**e**xisme* ; *obsol**e**scence, **e**spoir, **e**xcellent, gr**e**cque, arr**e**station…*

198. SYMPTÔME *OU* SYMPTOME ?

L'accent circonflexe, qui se rencontre dans environ 2 000 mots, a eu une histoire mouvementée (loin d'être terminée...) et sa présence s'avère parfois assez aléatoire...

D'un point de vue grammatical, il apparaît à la 3e personne du singulier de quelques verbes au présent (*il paraît, il naît, il plaît, il croît, il accroît, il décroît, il clôt*) ; aux deux premières personnes du pluriel au passé simple (*nous voyageâmes, vous fîtes, nous bûmes, vous dîtes*) ; à la 3e personne du subjonctif imparfait (*qu'il voyageât, qu'il finît, qu'il bût, qu'il eût*) ; au participe passé masculin de cinq verbes : *crû* (de *croître*), *dû*, *mû* (de *mouvoir*), *recrû*, *redû*.

D'un point de vue lexical, il se trouve dans le suffixe péjoratif *-âtre* (*blanchâtre, douceâtre*...) ; dans de nombreux mots qui ont perdu une lettre, le plus souvent un *s* (*bâton, fête, hôpital, huître*...) ; sur des voyelles dont le circonflexe marqua jadis l'allongement ou la fermeture (*âge, hêtre,* **symptôme**...) ; dans quelques adverbes en *-ûment* (*assidûment, continûment, crûment, dûment, goulûment, incongrûment, indûment, nûment*).

199. UNE TACHE DE GRAS *OU* UNE TÂCHE DE GRAS ?

L'accent circonflexe permet de distinguer certains homonymes :

avec accent circonflexe	sans accent circonflexe
âcre (piquant)	*une acre* (unité de mesure agraire)
une boîte (récipient)	*il boite* (il claudique)
une châsse (reliquaire)	*une chasse* (poursuite)
un côlon (intestin)	*un colon* (pionnier)
une côte (relief)	*une cote* (mesure ; cotation en Bourse)
le faîte (sommet)	*faite* (participe de *faire*)
une forêt (bois)	*un foret* (outil)
une gêne (malaise)	*un gène* (en génétique)
hâler (brunir)	*haler* (tirer)
un jeûne (privation de nourriture)	*un jeune*
un mât (sur un bateau)	*mat* (bronzé ; échec et *mat*)
un mâtin (chien)	*un matin* (partie de la journée)
mâture (ensemble des mâts)	*mature* (mûr)

avec accent circonflexe	sans accent circonflexe
mûr (mature)	*mur* (paroi)
le nôtre, le vôtre (pronom possessif)	*notre, votre* (déterminant possessif)
pâle (blanc)	*une pale* (d'une hélice)
pêcher (du poisson)	*pécher* (commettre un péché)
prêteur (personne qui prête)	*un préteur* (magistrat romain)
sûr (certain)	*sur* (au-dessus; aigre)
une tâche (travail)	***une tache*** (salissure)

200. À L'AFFÛT *OU* À L'AFFUT ?

En raison de leur ressemblance avec de très proches voisins, quelques mots se voient parfois coiffés d'un circonflexe indu : *bateau, bramer, boiter, chalet, chapitre, chèvre, cime, cyclone, faner, flèche, égout, goitre, havre, racler, syndrome…*

⚠ Dans certaines familles, le mot de base porte un accent circonflexe… qui a tendance à disparaître dans les dérivés :

avec accent circonflexe	sans accent circonflexe
arôme	*aromate, aromatiser*
câble	*encablure*
cône	*conifère, conique*
côte	*coteau*
crâne, crâner, crâneur	*craniologie*
diplôme	*diplomate, diplomatique*
drôle	*drolatique*
enjôler	*cajoler*
fantôme	*fantomatique*
fût, affût, affûter, raffûter	*futaie, futaille, raffut + futé* (autre famille lexicale)
grâce, disgrâce	*gracier, gracieux, disgracieux, gracile*
infâme	*infamie, infamant, malfamé, diffamation*
jeûne	*à jeun, déjeuner*
pôle	*polaire*

avec accent circonflexe	sans accent circonflexe
râteau, râteler, râtelier	*ratisser*
tâter, tâtonner	*tatillon*
trône, détrôner	*introniser*

201. S'IL VIENT *OU* SI IL VIENT ?

Le problème de l'élision se pose pour quelques petits mots : *si, presque, quelque,* ainsi que dans les conjonctions de subordination *parce que, lorsque, puisque, quoique.*

Si s'élide obligatoirement devant le pronom *il* : ***S'il*** *vient, je m'en vais !*

Presque ne s'élide jamais, excepté dans le nom *une presqu'île* : *Il est* **presque** *autonome.*

Quelque ne s'élide que dans *quelqu'un, quelqu'une* : **Quelque** *amitié nous unit.*

Parce que, lorsque, puisque ne s'élident que devant *il, elle, on, en, un, une* : **Parce que** *Anne est absente, nous ne pouvons faire ce travail.*

Quoique ne s'élide que devant *il, elle, on, un, une* : **Quoique** *en vérité je ne l'apprécie pas, je le vois chaque jour.*

202. PREND-IL *OU* PREND-T-IL ?

Ce que l'on appelle le *t* euphonique désigne cette petite lettre que l'on glisse, encadrée par des traits d'union, entre le verbe et le sujet inversé afin d'éviter l'hiatus : *Comment va-**t**-il ?*

Il est superflu si le verbe se termine par un *t* ou un *d* (dont la liaison suffit à créer le son [t]) : *Soigne-**t**-elle ? Y a-**t**-il ? Mangea-**t**-il ? Convainc-**t**-il ?* vs *Est-on ? Y aurait-il ?* **Prend-il** *? Répond-elle ?*

⚠ Ne le confondez pas avec le pronom complément *toi* élidé *t'* : *Va-**t'**en* vs *Y a-**t**-il ?*

Chapitre 5

10 fautes (vraiment) horribles à ne plus faire !

203. ILS CROYENT, ILS CROIVENT, ILS VOYENT, QU'IL SOYE

Toutes ces formes verbales sont d'affreux barbarismes : bannissez-les sans pitié !
Préférez-leur les formes ***ils croient, ils voient, qu'il soit.***

204. NOUS FESONS

Malgré la prononciation « e », le verbe *faire* garde son *-ai-* à toute la conjugaison (sauf au futur et au conditionnel : *je ferai[s]*) : ***nous faisons, je faisais, faisant***…

205. VOUS DISEZ, VOUS FAISEZ

Pour logiques qu'elles soient (après tout, tous les verbes prennent bien la terminaison *-ez* !), ces formes n'en sont pas moins des barbarismes ! Dites donc en toute correction : ***vous dites, vous faites***.

206. UN ESPÈCE DE FOU FURIEUX

Le nom *espèce* est bien féminin. Et même si dans la tournure ***une espèce de fou furieux***, il a tendance à se figer à la manière d'un adverbe, si bien que son genre est souvent accordé avec le nom suivant, ça n'en reste pas moins une erreur (pour l'instant !).
Conservez-lui donc sa pleine existence et son genre féminin, en disant : ***Une espèce de fou furieux*** *s'est jeté sur moi*.

207. PARMIS, MALGRÉS

Certains petits mots (adverbes et prépositions) prennent un *s* final, souvent étymologique, parfois rajouté en ancien français : *alors, certes, hormis, sans, volontiers…*
En revanche, deux prépositions très courantes, souvent orthographiées de manière erronée, s'écrivent sans *s* : ***parmi*** (formé sur *par* + *mi* « milieu ») et ***malgré*** (*mal* + *gré*).

208. BIENSÛR, ENTRAIN DE, ENFAIT / EN FAITE

Quelques locutions figées ont tendance, depuis quelque temps, à se voir soudées… Or, il n'en est rien ! Soyez donc vigilant à l'orthographe de ***bien sûr, en train de*** et ***en fait***.

209. SI J'AURAIS SU, J'AURAIS ACHETÉ CE LIVRE

La structure hypothétique introduite par *si* ne peut jamais être suivie d'un conditionnel, lequel est cantonné à la proposition principale : *Si **j'avais su**, j'aurais acheté ce livre.*
La règle « les *si* n'aiment pas les *-rais* » est bien connue… Il ne reste plus qu'à l'appliquer !

210. DONNE-MOI Z'EN !

L'ordre des pronoms accompagnant un impératif est un joyeux casse-tête ! Retenez toutefois que les pronoms *moi, toi, le, la* doivent s'élider devant *en* et *y* : ***donne-m'en, achète-t'en***. Et même si certaines formes peuvent vous sembler étranges, voire surréalistes, ce sont les seules correctes : ***mets-t'y, conduis-l'y, assieds-t'y, accroche-t'y*** !

211. ASSIS-TOI !

L'impératif du verbe *s'asseoir* est ***assieds-toi*** (éventuellement *assois-toi*, plus rare)... mais certainement pas *assis-toi* ! La forme *assis* existe bien, néanmoins : c'est le participe passé masculin ou le passé simple aux deux premières personnes (*j'assis, tu assis*).

212. NOUS SOMMES ARRIVÉS APRÈS QU'IL SOIT PARTI

Le subjonctif est le mode de l'action envisagée comme virtuelle ; après la conjonction *avant que*, on trouve donc très logiquement le subjonctif, puisque l'action ne s'est pas encore produite : *Soyez rentrés avant qu'il ne* ***soit parti*** (il n'est pas encore parti).

En revanche, si vous utilisez *après que*, l'action est accomplie, elle a réellement eu lieu ; le subjonctif sera donc à bannir et c'est l'indicatif (aux temps composés) qui s'imposera ! Ainsi, même si votre délicate oreille linguistique se sent agressée, il faudra bien dire : *Nous sommes arrivés après qu'il* ***est parti***.

De même, selon le temps utilisé dans la proposition principale, vous devrez, en toute correction, dire ou écrire :

- *Nous arrivons après qu'il* ***est parti***.
- *Nous étions arrivés après qu'il* ***était parti***.

- *Nous arriverons après qu'il* ***sera parti***.
- *Nous arrivâmes après qu'il* ***fut parti.***

Chapitre 6

À vous de jouer ! 100 phrases pour vous tester

- Pour chaque phrase, choisissez la bonne réponse.
- Deux niveaux de difficulté vous sont proposés : choisissez celui qui vous convient !

NIVEAU 1

Conjugaison

1. **Il nous …… toujours des mails …… de fautes !**

   a) envoi b) envoie c) envoit

   a) truffé b) truffés c) truffer

2. **Vous vous …… Leszczynski ?**
Comment ça s'…… ?

a) appelé b) appelez c) appellez
a) épèle b) épèles c) épelle

3. **Tu …… encore une fois raison, je le …… .**

a) a b) as
a) crainds b) craind c) crains

4. **Tu te …… seul contre tous ?**
Comme tu …… pugnace !

a) bas b) bat c) bats
a) ai b) es c) est

5. **Lorsque j'…… lycéen, nous …… des pièces de Racine et de Corneille.**

a) étai b) étais c) était
a) étudions b) étudiions

6. **Je vous …… dans les meilleurs délais, quand je …… de quoi il retourne.**

a) répondrai b) répondrais c) répondrez
a) serai b) serais c) saurai d) saurais

7. **…… nous chercher du pain et ……-toi poli avec la boulangère !**

a) Va b) Vas
a) montre b) montres

8. **Les manigances de ces …… sont vraiment …… !**

a) intrigants b) intriguants
a) fatigantes b) fatiguantes

9. **Je n'…… pas à …… mes décisions.**

a) ai b) aie c) es
a) justifié b) justifiées c) justifier

10. **Je ne vais pas vous …… plus longtemps, j'ai …… déjà bien long.**

a) ennuyer b) ennuyé c) ennuyez
a) été b) étais c) était

Orthographe grammaticale

11. Ces vieux films ......, je les ...... toujours avec plaisir.

a) désuet b) désuets

a) regarde b) regardes c) regardent

12. Ce n'est certainement pas moi qui ...... là quand le problème ...... survenu.

a) étais b) était c) été

a) ait b) es c) est

13. J'ai enfin gagné deux ...... cinquante ...... au loto.

a) cent b) cents

a) euro b) euros

14. Ne sont-ils pas tendance, avec leurs pantalons ...... et leurs chaussures ...... ?

a) marron b) marrons

a) orange b) oranges

15. Il a sifflé trois ……-bouteilles de champagne en …… minutes !

a) demi b) demie c) demies
a) quatre-vingt b) quatre-vingts

16. …… les hommes naissent libres et égaux en droits, mais …… plus que d'autres !

a) Tout b) Tous
a) certain b) certains

17. Je trouve vos collaborateurs peu …… et je ne …… fais guère confiance.

a) crédible b) crédibles
a) leur b) leurs

18. Je vous envoie mille ……, mes petits …… !

a) bisous b) bisoux
a) chous b) choux

19. Les …… ont beaucoup parlé des …… …… .

a) journals b) journaux
a) festivals b) festivaux
a) estivals b) estivaux

20. Que d'immortels …… Hugo a-t-il …… !

a) chef-d'œuvre b) chefs-d'œuvre
c) chef-d'œuvres d) chefs-d'œuvres
a) écris b) écrit c) écrits

21. …… athlète bodybuildé ne part jamais sans ses haltères …… !

a) Cet b) Cette
a) chéris b) chéries

22. Les …… …… ont dû être changés.

a) pneus b) pneux
a) arrière b) arrières

23. …… par une musique ……, les invités se mettent à danser.

a) Entraîner b) Entraîné c) Entraînés
a) endiabler b) endiablé c) endiablée

24. …… très tard, nous sommes …… quand même en avance.

a) Parti b) Partis c) Partit
a) arriver b) arrivé c) arrivés

25. Sa correspondante allemande a …… trois …… !

a) manger b) mangé c) mangée
a) forêt-noire b) forêts-noires

Homonymes

26. Est-ce que …… va toujours avec …… femme ?

a) ça b) sa
a) ça b) sa

27. Les meilleurs, …… sont …… qui ont réussi à …… surpasser.

a) ce b) ceux c) se
a) ce b) ceux c) se
a) ce b) ceux c) se

28. …… derniers temps, il n'a pas beaucoup vu …… amis.

a) Ces b) Ses
a) ces b) ses

29. Elle …… de nouveau trompée de jour, …… évident !

a) c'est b) s'est
a) c'est b) s'est

30. Je me demande ….. on ne …… prend pas un peu tard.

a) ci b) si c) s'y
a) ci b) si c) s'y

31. Il n'…… pas exclu que Nicolas soit sournois …… vindicatif.

a) est b) et
a) est b) et

32. Il prétend ne jamais être …… de lui, …… il entre parfois dans des colères noires.

a) hors b) or
a) hors b) or

33. …… promotion qu'il voulait, il …… réclamait depuis longtemps et …… enfin eue !

a) La b) L'a
a) la b) l'a
a) la b) l'a

34. Vu …… difficultés, il ne faut pas trop …… en vouloir.

a) leur b) leurs
a) leur b) leurs

35. … suggestions sont peu nombreuses …… de qualité !

a) Mais b) Mes
a) mais b) mes

36. On … coupera pas : il ne veut pas de fête … de cadeaux pour son anniversaire.

a) ni b) n'y
a) ni b) n'y

37. …… ne sait toujours pas si les commandes … pu être livrées ?

a) On b) Ont
a) on b) ont

38. Préfères-tu venir …… vendredi, samedi ou un peu …… dans la semaine ?

a) plus tôt b) plutôt
a) plus tôt b) plutôt

39. …… à nos prochaines vacances, ce n'est …… juin que nous nous déciderons.

a) Quand b) Quant c) Qu'en
a) quand b) quant c) qu'en

40. Il n'y a …… qui pourra dire …… décision a été prise lors de la réunion.

a) quelle b) qu'elle
a) quelle b) qu'elle

41. **…… soit sa motivation, le résultat est …… peu discutable.**

a) Quelque b) Quelle que
a) quelque b) quel que

42. **…… on dise de lui et …… certains le critiquent, on ne peut lui dénier un certain panache.**

a) Quoiqu' b) Quoi qu'
a) quoique b) quoi que

43. **Même si …… devient dangereux, il …… moque et agit …… réfléchir.**

a) c'en b) sans c) s'en
a) c'en b) sans c) s'en
a) c'en b) sans c) s'en

44. **Même quand on est un ……-disant héros, on a besoin d'un plus petit que …… !**

a) soi b) soit
a) soi b) soit

45. Je suis vraiment …… à mon téléphone portable, …… pour moi !

a) accro b) accroc

a) autant b) au temps

46. Cette …… en mer se présentait sous les meilleurs …… .

a) balade b) ballade

a) auspices b) hospices

47. Pendant le cours, tu n'es pas …… …… aux corneilles !

a) censé b) sensé

a) bailler b) bâiller c) bayer

48. Le maître de …… nous a invités à faire bonne …… .

a) céans b) séant

a) chair b) chaire c) chère

49. Depuis qu'on les a mis au …… de la société, ils réclament notre aide à …… et à cri.

a) ban b) banc
a) cor b) corps

50. À cause du dernier ……, on a frôlé le …… économique !

a) crack b) krach
a) cahot b) chaos

51. Ils sont …… de régler leur …… et se respectent …… .

a) près b) prêts
a) différend b) différent
a) davantage b) d'avantage

52. Son comportement …… de gravité …… avec sa jovialité coutumière.

a) empreint b) emprunt
a) détone b) détonne

53. En mon …… intérieur, j'essayais de me ……, au moins par …… de conscience.

a) for b) fors c) fort
a) raisonner b) résonner
a) acquis b) acquit

54. Ils m'ont violemment pris à ……, ç'a été un vrai …… !

a) parti b) partie
a) martyr b) martyre

55. En l'occurrence, je suis plutôt ……, …… méfiant.

a) sceptique b) septique
a) voir b) voire

56. Après des …… un peu floues, nous entrâmes de …… dans le sujet.

a) prémices b) prémisses
a) plain-pied b) plein-pied

Orthographe lexicale

57. **Cet …… ne manque pas d'…… dans son argumentation !**

a) athé b) athée
a) habileté b) habiletée

58. **Des …… se sont retrouvées prises au piège dans la …… .**

a) fourmis b) fourmies
a) glu b) glue

59. **Dès les premiers signes de myopie, j'ai …… chez l'…… .**

a) acourru b) accouru c) accourru
a) oculiste b) occuliste

60. **Il ne faut plus nous …… de la …… : nous devons nous …… à l'étranger.**

a) embarasser b) embarrasser
a) concurence b) concurrence
a) dévelloper b) développer

61. Dès qu'ils ont …… ce monstre, ils se sont mis à ……, …… .

a) aperçu b) apperçu
a) courir b) courrir
a) apeurés b) appeurés

62. …… que nous nous sommes battus …… !

a) Évidement b) Évidemment
a) vaillament b) vaillamment

63. Leurs problèmes de …… ont eu des …… sur leur chiffre d'affaires : un vrai …… !

a) connection b) connexion
a) répercussions b) répercutions
a) cauchemar b) cauchemard

64. Le …… a …… et tué sans aucun …… tous ses ennemis.

a) héro b) héros
a) attrapé b) attrappé
a) remord b) remords

65. Son seul ……, c'est ce …… minuscule.

a) fond b) fonds
a) champ b) champs

66. Les …… de la vie ne sont-elles pas la …… de notre existence de mortels ?

a) vicissitudes b) vissicitudes c) vississitudes
a) quintescence b) quintessence

67. Les prix des …… sont devenus …… et guère …… !

a) gaufres b) gauffres
a) exorbitants b) exhorbitants
a) exaltants b) exhaltants

68. Nous …… que cet …… sera …… .

a) espérons b) éspérons c) èspérons
a) entremet b) entremets
a) excellent b) éxcellent c) èxcellent

69. **Mon unique …… consiste à essayer d'enlever ces …… de gras.**

a) tache b) tâche
a) taches b) tâches

70. **Même …… arrive en retard, lui …… une place ?**

a) s'il b) si il
a) prend-on b) prend-t-on

NIVEAU 2

Conjugaison

71. **Et si nous …… un peu mieux et …… un peu plus les petits bonheurs qui nous sont donnés ?**

a) voyons b) voyions
a) apprécions b) appréciions

72. **Je vous …… gré de me répondre par un courriel qui …… les photos demandées.**

a) saurai b) saurais c) serai d) serais
a) inclura b) incluera

73. **Quoiqu'il …… tous les jours, qu'on n'en …… pas qu'il soit prêt pour le marathon !**

a) coure b) court
a) conclue b) conclut

74. Si sérieux qu'il ……, j'étais étonné qu'il …… tant d'efforts.

a) fut b) fût
a) fit b) fît

75. …… dans les négociations, le syndicat du personnel …… s'est montré très …… .

a) Excellant b) Excellent
a) navigant b) naviguant
a) convaincant b) convainquant

76. …… donc confiance en toi : il faut que tu …… cet emploi !

a) Ai b) Aie c) Aies d) Ais
a) aie b) aies c) ais d) es

Orthographe grammaticale

77. Cinq …… milliards de petits Martiens, et moi, et moi, et moi…

a) cent b) cents

78. J'en suis arrivé à la page trois …… de mon roman.

a) cent b) cents

79. Nous naviguâmes pendant …… six mois sur flots …… de l'océan.

a) quelque b) quelques
a) gris-bleu b) gris-bleus

80. Sous l'effet du froid, les visages étaient tous ……, …… ou …… .

a) pourpre b) pourpres
a) vermillon b) vermillons
a) écarlate b) écarlates

81. …… désaccords qu'il y ait …… et …… terribles qu'ils aient été, ils sont désormais réglés.

a) Quels que b) Quelque c) Quelques
a) eu b) eus
a) quels que b) quelque c) quelques

82. **...... attentive qu'elle est, Jeanne ne tolère ...... doléances.**

a) Tout b) Toute
a) aucune b) aucunes

83. **Le son des ...... nous parvenait comme à des ....**

a) haut-parleurs b) hauts-parleurs
a) années-lumière b) années-lumières

84. **L'aérogare fut ...... de ...... obélisques en ébène ....**

a) décoré b) décorée
a) petits b) petites
a) poli b) polie

85. **...... d'attendre, les ...... gens se sont ....**

a) Lassés b) Lassées
a) bons b) bonnes
a) plaint b) plaints c) plaintes

86. Elle a mis la barre très ….. en exigeant 4 000 € …… .

a) haut b) haute
a) net b) nets

87. Ils se sont …… de remporter le plus de matchs …… .

a) fait fort b) fait forts c) faits forts
a) possible b) possibles

88. …… les premiers jours, les jeunes mariés se sont …… et …… à l'envi.

a) Excepté b) Exceptés
a) haï b) haïs
a) nui b) nuis

89. Si tu avais vu la tête qu'il a …… quand elle s'est …… de lui répondre !

a) fait b) faite
a) permis b) permise

90. Ils se sont …… condamner à deux mois ……, pour s'être …… du président.

a) vu b) vus
a) ferme b) fermes
a) moqué b) moqués

91. Ils se sont …… pendant les dix ans qu'ils ont …… séparés.

a) écrit b) écrits
a) vécu b) vécus

92. Elle s'est …… aller et, finalement, elle s'est …… manipuler !

a) laissé b) laissée
a) fait b) faite

93. Les arguments qu'elles se sont …… opposer ne les ont guère …… .

a) vu b) vue c) vues
a) convaincu b) convaincues

Orthographe lexicale

94. Sur le …… de l'église, des …… raillaient les …… .

a) panonceau b) pannonceau
a) grafittis b) graffitis
a) éclésiastiques b) ecclésiastiques

95. Son visage …… d'…… était tout …… de pansements et de compresses.

a) boursouflé b) boursoufflé
a) échymoses b) ecchymoses
a) enrubané b) enrubanné

96. En l'……, tes propos …… avec ta …… habituelle.

a) occurence b) occurrence
a) dissonent b) dissonnent
a) rationalité b) rationnalité

97. L'…… constitua-t-il un …… de choix …… dévoré par nos ancêtres ?

a) auroch b) aurochs
a) met b) mets
a) goulument b) goulûment

98. Un chemin peu …… menait à une …… ……

a) praticable b) pratiquable
a) cahute b) cahutte
a) bariolée b) barriolée

99. …… en fait ils soient légitimes, vos …… ont tendance à le rendre …… .

a) Quoiqu' b) Quoique
a) atermoiements b) attermoiements
a) irascible b) irrascible

100. Après qu'on t'…… montré comment jouer cette ……, …… vraiment !

a) ait b) aura
a) scénette b) saynète
a) mets-toi-y b) mets-toi z'y c) mets-t'y

CORRIGÉ

1. a – b
2. b – c
3. b – c
4. c – b
5. b – b
6. a – c
7. a – a
8. a – a
9. a – c
10. a – a
11. b – a
12. a – c
13. a – b
14. a – a
15. a – b
16. b – b
17. b – a
18. a – b
19. b – a – b
20. b – c
21. a – a
22. a – a
23. c – c
24. b – c
25. b – b
26. a – b
27. a – b – c
28. a – b
29. b – a
30. b – c
31. a – b
32. a – b
33. a – a – b
34. b – a
35. b – a
36. b – a
37. a – b
38. b – a

39. b – c
40. b – a
41. b – a
42. b – a
43. a – c – b
44. a – a
45. a – b
46. a – a
47. a – c
48. a – c
49. a – a
50. b – b
51. a – a – a
52. a – b
53. a – a – b
54. b – b
55. a – b
56. a – a
57. b – a
58. a – a
59. b – a
60. b – b – b
61. a – a – a
62. b – b
63. b – a – a
64. b – a – b
65. b – a
66. a – b
67. a – a – a
68. a – b – a
69. b – a
70. a – a
71. b – b
72. b – a
73. a – a
74. b – b
75. a – a – a
76. b – b
77. b
78. a
79. a – a
80. b – a – b

81. c – a – b
82. a – b
83. a – a
84. b – a – b
85. a – b – b
86. a – a
87. a – a
88. a – b – a
89. b – a
90. a – a – b
91. a – a
92. b – a
93. a – b
94. a – b – b
95. a – b – b
96. b – a – a
97. b – b – b
98. a – a – a
99. b – a – a
100. b – b - c